CRIANDO FILHOS PARA O AMANHÃ

EDÉSIO DE OLIVEIRA
NIKOLAS FERREIRA
RUTH FERREIRA

CRIANDO FILHOS PARA O AMANHÃ

UM LIVRO FEITO POR PAIS E FILHOS
PARA FILHOS E PAIS

Vida

Vida
Editora Vida
Rua Conde de Sarzedas, 246 — Liberdade
CEP 01512-070 — São Paulo, SP
Tel.: 0 xx 11 2618 7000
atendimento@editoravida.com.br
www.editoravida.com.br
@editora_vida /editoravida

CRIANDO FILHOS PARA O AMANHÃ

Todas as citações bíblicas e de terceiros foram adaptadas segundo o Acordo Ortográfico da Língua Portuguesa, assinado em 1990, em vigor desde janeiro de 2009.

■

Editora-chefe: Sarah Lucchini
Editora responsável: Mara Eduarda V. Garro
Preparação: Paulo Peres
Revisão: Paulo Oliveira
Revisão de provas: Jacqueline Mattos
Projeto gráfico: Claudia Fatel Lino
Diagramação: Philipe Santos
Capa: Vinicius Lira

As opiniões expressas nesta obra refletem o ponto de vista de seus autores e não são necessariamente equivalentes às da Editora Vida ou de sua equipe editorial.

Os nomes das pessoas citadas na obra foram alterados nos casos em que poderia surgir alguma situação embaraçosa.

Todos os grifos são do autor, exceto os indicados.

1. edição: set. 2024

Dados Internacionais de Catalogação na Publicação (CIP)
(Câmara Brasileira do Livro, SP, Brasil)

Oliveira, Nikolas Ferreira de
Criando filhos para o amanhã / Nikolas Ferreira de Oliveira, Edésio de Oliveira, Maria Ruth Ferreira de Oliveira. -- São Paulo : Editora Vida, 2024.

ISBN 978-65-5584-561-7
e-ISBN: 978-65-5584-544-0

1. Criação de filhos - Aspectos religiosos -Cristianismo 2. Educação de crianças - Aspectos religiosos - Cristianismo 3. Família - Aspectos religiosos I. Oliveira, Edésio de. II. Oliveira, Maria Ruth Ferreira de. III. Título.

24-220088 CDD-268.432

Índice para catálogo sistemático:

1. Criação de filhos : Educação cristã : Cristianismo 268.432
Eliane de Freitas Leite - Bibliotecária - CRB 8/8415

Sumário

Dedicatória

À memória daqueles que vieram antes de nós. Aos nossos avós e bisavós, que com mãos calejadas plantaram as sementes da nossa linhagem e, a despeito de muitos sacrifícios, decidiram viver em família.

Que sejamos a melhor continuação possível desse legado, honrando e perpetuando o amor, a sabedoria e os valores que nos foram transmitidos.

Agradecimento

Ao nosso Pai, que com amor eterno nos amou e nos adotou, tornando-nos filhos. Graças a Ele, podemos também ser pais e experimentar o amor em família. Ao modelo perfeito de cuidador; ao Deus que nos coloca debaixo de Suas asas e está sempre de braços abertos para um coração quebrantado. Ao nosso Pai, que enviou Seu Filho Unigênito para suportar o peso de todos os nossos pecados, padecer em uma cruz, ressuscitar e nos dar vida – a vida eterna. Ao nosso Pai, que nos concedeu o único e suficiente Salvador, agradecemos e consagramos este livro.

Introdução

Em um mundo que jaz no Maligno, muitas são as investidas contra a família. É nítida a força exercida para destruir a maior instituição criada por Deus por meio de produções artísticas cinematográficas, musicais e literárias. De forma orquestrada, tentam a todo custo desconstruir papéis muito bem estabelecidos pelos padrões bíblicos: um homem que provê segurança e ame sua esposa como Cristo amou a Igreja, e uma mulher que, por sua vez, auxilie seu marido com sabedoria. Consequentemente, essa desconstrução irá afetar os frutos advindos dessa união: os filhos.

Acontece que, atualmente, a discussão sobre ter ou não filhos se mostra cada vez mais intensa, girando em torno de preocupações, ora legítimas, ora exacerbadas, até mesmo no meio cristão. Os filhos são vistos como fardos que não permitem que sonhos sejam realizados com a frequência e a intensidade que o casal gostaria. E ainda há aqueles que planejam um filho como uma realização pessoal.

Mas, diferentemente de um objetivo, que é algo definido pela própria pessoa, um propósito é algo que é recebido de Deus, algo mais profundo, constante e que perdura por toda a existência. A perspectiva de um cristão tem de ser diferente da perspectiva mundana, "porque vivemos por fé, e não pelo que vemos" (2Coríntios 5.7). Mais do que a vontade de ser mãe ou pai, estar disposto a receber as dádivas que somente Deus é capaz de entregar é um ato de coragem, amor e confiança n'Aquele que supre todas as necessidades segundo Suas gloriosas riquezas (cf. Filipenses 4.19).

De acordo com a Palavra, nosso manual de fé, é indiscutível o fato de que filhos são concedidos por Deus, que de forma maravilhosa trouxe à existência tudo o que conhecemos. Porém, com a Queda do homem, o pecado entrou no mundo, e diante de tal decadência é comum que surjam vários questionamentos, como: será mesmo que devo me casar? Vale a pena ter filhos em um cenário tão cruel? Não seria falta de responsabilidade ter mais de um filho?

Deus não falha, e quanto a essas questões não seria diferente; não faria sentido ordenar a um homem deixar seus pais, unir-se a uma mulher e juntos multiplicarem caso isso não fosse algo bom. Dizemos com frequência que a vontade do Senhor é boa, agradável e perfeita, mas nos esquecemos com certa facilidade do contexto: "Não se amoldem ao padrão deste mundo, mas transformem-se pela renovação da sua mente, para que vocês experimentem a boa, agradável e perfeita vontade de Deus" (Romanos 12.2). É impossível experimentar a sublime vontade do Senhor sem contrariar o mundo e passar por um processo de restauração interna. Se há em seu coração o desejo de ter filhos e por conta disso você tem sido atacado, saiba que está no caminho certo.

Tendo conhecimento, sem nenhuma sombra de dúvida, de que os planos de Deus para o homem incluem filhos, entramos em uma próxima etapa: como instruí-los no caminho em que devem andar. Não foram poucas as vezes em que nos perguntamos como e quando deveríamos agir. As instruções não somente foram, mas têm sido dadas pelo próprio Deus a nós, dia após dia. E já que estamos falando por meio de um livro, gostaríamos de convidá-lo a refletir sobre a analogia a seguir.

Um livro é uma obra feita por um autor ou grupo de autores que detém uma ideia, certo conteúdo, planejamento e uma mensagem. Seu propósito é produzir algo a fim de compartilhar isso, pois ninguém escreve um livro somente para si. Porém, essa obra só toma forma com o auxílio de ferramentas. Atualmente, a produção de um livro conta com recursos como um notebook, uma equipe organizadora e uma gráfica, por exemplo. Mas gostamos de pensar na imagem de um escritor com uma pena na mão. A pena e o tinteiro, pelas mãos dele, dão vida ao texto que é escrito no papel.

De igual modo, nós somos os responsáveis pela criação dos nossos filhos e por fazer deles uma página que leva determinada mensagem ao mundo. Nós, pais, ocupamos o lugar da pena e do tinteiro, as ferramentas usadas para registrar uma obra vinda direta do coração do Criador. Ele é o Autor; tudo provém d'Ele, é por Ele e para Ele; "Pois nós somos cooperadores de Deus [...]" (1Coríntios 3.9).

Nossa expectativa é que a partir desta leitura você possa também se dispor a ser usado por Deus, o único capaz de não somente escrever, mas transformar toda e qualquer história. Quando surgirem dúvidas e inseguranças relacionadas à construção de uma família, lembre-se de que o mesmo Deus que forja em nós a verdadeira conversão realiza o Seu querer de forma completa. Você não estará sozinho na caminhada. Os filhos vêm, e com eles, grandes desafios. Contudo, maior que qualquer obstáculo é o propósito do qual fazem parte.

—————— **Pastor Edésio, Pastora Ruth e Nikolas Ferreira**

PREFÁCIO

Criando filhos para o amanhã

Antes de me casar, quando comecei a pensar na família que meu noivo, Ítalo, e eu formaríamos e em quais responsabilidades iríamos assumir, recorri ao que Deus pensa sobre família. Bem nessa época, fui convidada a visitar o Lar de Nazaré, onde Jesus viveu ocultamente por trinta anos, sendo verdadeiro Deus e verdadeiro homem, com Sua mãe, a Virgem Maria, e Seu pai adotivo, José. Ao contemplar essa realidade tão simples e sem holofotes – porque os maiores milagres divinos se dão na simplicidade e escondidos –, percebi que podemos aprender muito com a família de Nazaré. Assim descobri verdadeiros tesouros a respeito de como ser uma boa esposa e uma boa mãe.

Quando me perguntam onde li e aprendi tantas coisas sobre educação, não tenho dúvidas quanto à resposta: com Jesus, Maria e José. Na Casa de Nazaré, eles viveram uma existência simples, mas foi lá que o Cristo cresceu em idade, sabedoria e graça, rodeado pelo carinho e fidelidade dos Seus pais. Foi em Nazaré que o menino Deus aprendeu o ofício do Seu pai José.

Imagino que Cristo o tenha visto trabalhar bem, com esmero, atenção aos detalhes e ordem, tratando bem seus clientes, sorrindo ainda que o tratassem mal e sem deixar seu serviço para depois, zelando por atender bem a cada pessoa que o contratou. Também creio que Jesus tenha ouvido Sua mãe contar que Seu pai os protegeu de todos os perigos acerca dos quais o anjo o avisou em sonho; que Ele tenha visto José tratar bem sua mulher e ser delicado com a pureza do seu coração.

Seus pais lhe transmitiram os costumes de seu tempo, a tradição judaica e as suas práticas religiosas. Maria ensinou-Lhe a falar e a andar, a comer, vestir-Se e tomar banho, contava-Lhe histórias, punha-nO para dormir e O alimentava, como toda mãe. Eu gostaria de ser exatamente assim e passei a aprender com ela todas as virtudes maternas. Como todas as mães, ela foi a primeira a descobrir sobre a gravidez – uma descoberta um pouco diferente da nossa. Sua resposta, contudo, ensinou-me o que dizer em cada uma das minhas oito gestações: "faça-se em mim segundo a Vossa palavra" (cf. Lucas 1.38).

E o que ocorreu em seguida? Maria tornou-se mãe do Salvador – não houve nenhuma maternidade tão importante quanto essa –, mas não ficou ensoberbada por isso. Sabia que não era digna, porque nenhuma criatura pode ser digna de ser mãe de Jesus – verdadeiro Deus e homem verdadeiro –, e reconhecia sua pequenez. No entanto, entendeu que o Senhor fez grandes coisas nela por causa de sua correspondência ao Seu amor infinito. Ela disse aos serventes nas bodas de Caná: "fazei o que Ele vos disser" (cf. João 2.5), e eu digo o mesmo aos meus filhos, apontando-lhes Jesus, para que façam a vontade de Deus e permitam que Ele transforme a água em vinho.

Uma das lições que mais me tocam como mãe e esposa é: "Maria conservava todas estas coisas, meditando-as no seu coração" (cf. Lucas 2.19). Procuro guardar no meu coração tudo de divino que sou capaz de encontrar em meio às ocupações no seio da minha família. Há um "quê" de divino em cada detalhe da vida no lar, e devemos encontrar Cristo nessas realidades correntes do dia a dia. Ele, conta-nos o Evangelho, obedecia aos Seus pais; e foi obediente até a morte, e morte de Cruz.

Foi assim que Cristo abriu as portas do Céu à humanidade. Não posso deixar de pensar que a obediência de Cristo foi "treinada" na

Casa de Nazaré. Seus pais eram reflexo de Deus Pai para Jesus do mesmo modo que nós devemos ser aos nossos filhos o reflexo da bondade, beleza e verdade divinas. Para isso, temos de estar muito perto do Senhor e atender ao Seu chamado de ser *alter Christus, ipso Christus*: o outro Cristo, o próprio Cristo.

Nossos filhos serão mais parecidos com o que somos do que com o que desejamos que sejam. Então, se quisermos que eles amem Jesus, devemos amá-lO com loucura e, como diz Camões[1], nos transformarmos na coisa amada[2]. Cada lar cristão deveria ser um remanso de serenidade em que, por cima das pequenas contrariedades diárias, se pudesse notar uma afeição intensa e sincera, bem como uma tranquilidade profunda, fruto de uma fé real e praticada. A vida familiar, as relações conjugais, o cuidado e a educação dos filhos, o esforço necessário para manter o lar – para garantir o futuro e melhorar as condições de vida de cada um –, o convívio com as outras pessoas que constituem a comunidade social, tudo isso consiste em situações humanas, comuns, que os esposos cristãos devem sobrenaturalizar.

A fé e a esperança têm de manifestar-se na serenidade com que se encaram os problemas – pequenos ou grandes – que surgem em todos os lares, no ânimo alegre com que se persevera no cumprimento do dever. Assim, a caridade inundará nossos dias e nos levará a compartilhar as alegrias e os possíveis dissabores, a saber sorrir, esquecendo as

1 Luís Vaz de Camões foi um dos maiores poetas da língua portuguesa e é amplamente reconhecido por sua obra épica *Os Lusíadas*, publicada em 1572. Camões passou grande parte de sua vida viajando pelo Oriente, onde adquiriu experiências que influenciaram profundamente sua poesia. Sua vida foi marcada por aventuras e desventuras, incluindo um período de exílio na África e prisão na Índia. A obra de Camões abrange desde sonetos líricos até épicos grandiosos, e ele é celebrado por sua habilidade de combinar elementos da mitologia clássica com a história de Portugal, elevando o idioma português a novos patamares literários.

2 CAMÕES, Luís de. "Transforma-se o amador na cousa amada". **Os Lusíadas**, Canto IX, estrofe 81.

preocupações pessoais para atender aos demais, a escutar o cônjuge ou os filhos, mostrando-lhes que são verdadeiramente queridos e compreendidos, a não dar importância a pequenos atritos que o egoísmo poderia converter em montanhas, a depositar um amor grande nos pequenos serviços de que se compõe a convivência diária.

É precisamente contemplando o mistério do Deus que Se fez homem e encontrou acolhimento em uma família humana que podemos contemplar plenamente o valor e a beleza da família. Nosso Senhor, quando Se fez menino, amou-nos primeiro. Quis correr o risco de sermos desobedientes novamente, como nossos pais – Adão e Eva –, de fazermos mal uso da nossa liberdade. Ele quis apostar em nós. Fez-Se homem sendo nós ainda pecadores; quando nós mesmos não percebíamos a grandeza da nossa dignidade e nossa enorme capacidade de amar, Ele percebia. Ao fazer-Se homem, quis mostrar ao homem o que é ser homem. Por uma única alma que quisesse amá-lO e acolher Sua prova de amor – e amor se paga com amor – Ele Se entregou até o fim.

A mesma coisa deve fazer todo pai e mãe em relação aos seus filhos. É na família que todo ser humano tem a chance de ser visto como Deus o vê, de perceber seu valor e de saber que Alguém deu a vida por ele. Aos maridos e esposas, entreguem-se; corram o risco da liberdade do outro. Pais, entreguem-se; corram o risco da liberdade dos seus filhos. Só assim cada membro de uma família pode descobrir quem é, o valor que possui e, sem exageros, ter um encontro pessoal com Aquele que nos ama com loucura. "A medida do amor é amar sem medida"[3]. Vale a pena.

Samia Marsili

Casada com Italo Marsili, mãe de sete meninos, médica e palestrante

3 Pensamento adaptado e atribuído a Santo Agostinho, citado por Severo, bispo de Milevi, em carta a Agostinho, Epístola 109, e por São Bernardo de Claraval, em *De Diligendo Deo*.

1

“O futuro
da humanidade
passa pela família.”

João Paulo II

Valores que perduram

Diferentemente de instituições políticas, econômicas ou educacionais, que surgiram como resposta às flutuações e demandas da sociedade, a família se difere em sua origem. Isso, porque ela não é subproduto de uma evolução social, mas foi concebida pelo próprio Deus, para um propósito que Ele designou. Logo no primeiro capítulo da Bíblia nos deparamos com a narrativa da criação de Adão e Eva, seguida pelo mandamento "[...] Sejam férteis e multipliquem-se! [...]" (Gênesis 1.28). Esse trecho apresenta não apenas o início da humanidade e estabelece um modelo de família como também deixa expressa uma ordem divina. Foi assim que se revelou a intenção do Senhor em traçar um plano para preservar a espécie e constituir uma estrutura sobre a qual valores, fé e tradições pudessem ser transmitidos por gerações.

Para além de uma função sociocultural e biológica, a família é um reflexo da Trindade – uma manifestação terrena da comunhão perfeita e eterna entre Deus Pai, Filho e Espírito Santo. Assim como Os Três operam em unidade, pais e filhos são chamados a conviver em amor e de forma harmoniosa, ou, em outras palavras, carregar um compromisso compartilhado para construir um lar onde há conexão, confiança, segurança e pertencimento. É como o historiador

Christopher Lasch[1] disse certa vez: "A família é um refúgio num mundo sem coração".

Por esse motivo, tenho convicção de que existe um tesouro que só pode ser encontrado no contexto de uma família; ela é a base para uma sociedade mais saudável e equilibrada. É em casa, por exemplo, que assimilamos princípios como compaixão, justiça e disciplina. Além disso, a noção de sacrifício se torna mais tangível em um lar sadio, pois é expressa na prática quando colocamos as necessidades e o bem-estar de nossos pais ou irmãos acima das nossas vontades. Sem dúvida, é nesse ambiente que entendemos a importância dos valores transcendentes, seja ao aprendermos a nos doar pelos outros, celebrar as vitórias das pessoas a quem mais amamos como se fossem nossas, seja ao oferecer conforto e ajuda nos momentos de tristeza ou dificuldade, ou até mesmo ao "perdermos" para que o outro ganhe.

Não é à toa que existem tantos esforços e estratégias sendo empenhados para desestabilizar a estrutura familiar. Infelizmente, tornou-se corriqueiro observar os papéis atribuídos ao homem, à mulher e aos filhos sendo colocados em xeque, minimizados ou reinterpretados. Muitas vezes, são utilizadas ferramentas discretas para isso, como filmes, séries e músicas; assim, inserem gradualmente em nossas casas concepções relacionadas à ideologia de gênero, feminismo, promiscuidade ou à iniciação sexual precoce. As redes sociais e outros meios de comunicação também não ficam para trás. Manobras como essas são calculadas pelo Diabo e sutilmente aplicadas em nossa realidade não apenas para perturbar a ordem social, mas para desafiar a Deus.

[1] Christopher Lasch foi um historiador, crítico social e professor universitário americano, conhecido por suas análises incisivas sobre a cultura e a sociedade dos Estados Unidos. Em obras como *A cultura do narcisismo*, Lasch argumenta que o declínio dos valores familiares, a obsessão com o consumo e a busca incessante por gratificação pessoal resultaram em uma sociedade caracterizada pelo narcisismo. Lasch se destaca por sua habilidade em atravessar fronteiras disciplinares, integrando perspectivas históricas, sociológicas e psicológicas em suas análises. Seu trabalho continua a influenciar debates sobre a condição social e cultural contemporânea.

É como se o Inimigo tentasse jogar na cara do Senhor que é capaz de corromper Sua criação.

Hoje em dia, a desintegração familiar é, lamentavelmente, algo que acontece com bastante recorrência. Conflitos, abuso emocional ou físico, abandono, dependência química e negligência são situações dolorosas que afetam pais e filhos, prejudicando o crescimento emocional, social e até cognitivo das pessoas. Mas apesar de experiências assim serem marcantes e até traumáticas, não gravam em pedra o destino de ninguém. Pelo contrário, a capacidade de olhar para o passado e aprender com ele, sem ser aprisionado, é o primeiro passo rumo a um futuro de restauração e no qual temos a oportunidade de viver algo novo.

Em vez de se acomodar àquilo que já conhece ou reproduzir padrões distorcidos de família, pergunte-se o que deseja criar da sua geração em diante e conte com a graça de Deus para colocar isso em prática. Se sonha em ter um lar unido e feliz, porém suas referências são corrompidas, não tenha medo de jogar fora o velho script e deixar o Senhor escrever um novo roteiro a partir de você. Romper com o ciclo de disfunção familiar é algo que demanda coragem, esperança e confiança no Pai Celeste, afinal, significa reconhecer os erros do passado – sejam seus, de seus pais ou seus avós – e fazer diferente, sem rancor ou rebeldia, mas determinado a não voltar atrás.

Pela graça de Deus, tive a honra e a alegria de nascer em uma família bem-estruturada. Embora não tenha crescido em meio ao luxo, fui muito abençoado por conviver com uma família amorosa, íntegra e temente a Deus: pais, irmãs, tios, tias e primos. Em nossa casa, Ellen, Lavigne e eu testemunhamos um modelo de relacionamento conjugal saudável que até hoje nos inspira. A forma como nossos pais demonstravam amor um ao outro, no dia a dia, sempre foi sincera, e o compromisso deles se mostrou forte e inabalável ao longo dos anos. Eles conduziram o casamento de um modo que provou ser possível, mesmo diante dos impasses da vida, construir um ambiente familiar repleto de saúde, paz e felicidade, em que cada membro é amado e compreende seu valor.

Meu pai sempre foi a principal referência de autoridade em nosso lar. Porém, havia um alinhamento claro e respeitoso entre ele e minha mãe. Por ser a base sobre a qual todas as decisões fundamentais se apoiavam, a palavra dele era a última, e os papéis de protetor e provedor do lar também eram exercidos, sem nenhum autoritarismo. Por mais que naquela época eu talvez não entendesse ao certo o peso de suas responsabilidades, era nítido como sua atitude diligente tinha como objetivo assegurar o bem-estar de todos nós.

No entanto, seu compromisso não se limitava a garantir que não nos faltasse nada em termos materiais; ele também nos ensinava valores bíblicos e ajudava em nosso desenvolvimento pessoal. Suas lições eram exemplificadas por ele mesmo: pela tranquilidade com que resolvia problemas, carinho ao lidar com a família, além da mansidão e integridade ao conduzir sua vida de modo geral. Posso dizer que nunca presenciei meu pai falando um palavrão; a maior ofensa que já o ouvi proferir foi chamar alguém de "banana" em um momento caótico no trânsito. Ao administrar a igreja, como pastor, ele também demonstrava sabedoria, comprovando que a inteligência, por si só, não basta; é necessário saber aplicá-la. Com ele, aprendi a importância de acalmar os ânimos antes de qualquer diálogo. "Não vamos conversar agora no calor do momento, podemos falar depois", ele costumava dizer toda vez que queria me ensinar que o tempo é um aliado na resolução de conflitos.

Admiro a paciência do meu pai desde que me entendo por gente; quer se tratasse de escolher a escola ideal para nós ou adquirir um novo eletrodoméstico para a casa, ele nunca se precipitava. Ao invés disso, observava cada opção, pesava os prós e contras com todo o cuidado, assegurando-se de que tomaria a melhor decisão possível. Outro fato marcante em minha infância é que ele fazia questão de me chamar para ajudá-lo nas mais diversas tarefas. Fosse a instalação de um interruptor ou a troca de uma lâmpada, ele queria que eu estivesse ao seu lado. Embora não precisasse do meu apoio, desejava me proporcionar a sensação de contribuir e a capacitação para desempenhar certas funções. Isso era extremamente gratificante para mim; eu me sentia útil e, graças a esses momentos, aprendi a consertar e instalar um monte de coisas.

Minha mãe, por sua vez, era "o coração" da nossa família. Ela proporcionava tanto o conforto quanto o confronto, sendo a mão que nos aconchegava e corrigia. Além de liderar com graça, tinha a direção respeitada por todos os filhos e um coração disposto a nos ouvir atentamente. Nós dois sempre mantivemos uma conexão especial; eu compartilhava com ela minhas experiências diárias, e em troca recebia seus excelentes conselhos, palavras que me permitiam ver o mundo sob uma perspectiva diferente e repensar algumas atitudes.

Encontrei nela uma fonte de amor incondicional e de incentivo. Foi minha mãe quem me instigou a nem sempre aceitar as coisas como são, mas buscar alinhamento entre a realidade celestial e a terrena. Sua vida é para mim uma lição sobre sacrifício. Hoje compreendo a renúncia pessoal e profissional feita por ela para proporcionar a mim e minhas irmãs um cuidado especial em nossa infância. Digo isso, pois foi ela, por exemplo, que alfabetizou a Ellen, minha irmã mais velha, e nos ajudou dia após dia a realizarmos nossas tarefas escolares. As decisões que ela tomou, tendo em vista o nosso futuro, moldaram quem somos hoje.

Tenho por certo que a dedicação à família é uma das maiores riquezas que recebi dos meus pais e carrego isso comigo, além do seu legado de fé. Desde criança, compreendi que crer em Deus não é uma prática restrita aos domingos, e a presença d'Ele não se confina aos limites físicos de uma igreja. Eles me ensinaram aquilo que o apóstolo Paulo instrui em 1Coríntios 3.16, quando faz uma pergunta à igreja de Corinto: "Vocês não sabem que são templo de Deus e que o Espírito de Deus habita em vocês?". Ou seja, o Espírito Santo não está em algum lugar esperando que o encontremos, não é um observador distante ou figurante no cenário de nossa vida. Ele vive dentro de nós, pois somos Sua morada permanente, e basta darmos espaço a Ele para que

Sua presença possa permear cada momento do nosso dia. Pense nisto: não importa onde estejamos - em casa, na Câmara dos Deputados, no parque, em um estádio de futebol ou qualquer outro lugar - o Senhor também está ali.

Crer nessa verdade deve impactar a forma como lidamos com as coisas e percebemos o mundo - o que implicará necessariamente em nossas decisões quanto ao que convém ou não fazer. Isso me lembra de uma frase atribuída a Dostoiévski[2]: "Se Deus não existe, tudo é permitido". Em *Os irmãos Karamázov*, o personagem Ivan Karamázov expressa ceticismo em relação a Deus e questiona a base moral da sociedade. Ele se confronta com a ideia de que, se o Senhor não existisse, não haveria uma ordem moral absoluta para governar o Universo. Consequentemente, os seres humanos não estariam sujeitos à lei moral. Qualquer ato seria permissível, pois não haveria um padrão superior para distinguir o certo do errado. A humanidade estaria, então, à deriva em um mar de relativismo ético.

Reflexões como essa são cruciais porque nos levam a procurar pela verdade, que só a Palavra de Deus pode oferecer (cf. João 17.17). Ao contrário das verdades relativas, moldadas por circunstâncias ou pela cultura, ela é absoluta e eterna. Basear-se nela significa se ancorar em um fundamento que não muda com as variações do tempo ou pensamento humano. Se fizermos isso e contarmos com a direção do Espírito Santo, é certo que viveremos de um modo agradável ao Senhor e isso se manifestará de forma prática em tudo o que fizermos, desde nossa administração do tempo e prioridades até o jeito como tratamos as pessoas dentro e fora de casa. Coisas simples, como pedir a bênção

2 Fiódor Mikhailovich Dostoiévski foi um dos mais proeminentes escritores da literatura russa, conhecido por suas profundas explorações psicológicas, filosóficas e existenciais. Suas obras abordam temas como a moralidade, a liberdade, a fé, o bem e o mal. Entre seus romances mais célebres estão *Crime e castigo*, *Os irmãos Karamázov*, *O idiota* e *Memórias do subsolo*. Dostoiévski é frequentemente citado por sua capacidade de sondar as profundezas da psique humana e por seu questionamento incessante sobre a existência de Deus, a natureza do mal e o significado da vida humana.

aos pais, dedicar um momento de oração antes das refeições ou agradecer o simples ato de acordar ou respirar, são condutas que reforçam a consciência de que estamos sob o cuidado do Criador. Sou grato aos meus pais porque, em meio a tantas lições, eles demonstraram que a fé se manifesta nos pequenos detalhes da vida.

É provável que você já tenha ouvido a frase: "Palavras convencem, mas o exemplo arrasta!", o que se comprova claramente na realidade de qualquer casa. Vivemos em uma época marcada por superficialidade e relativismo, e isso torna ainda mais essencial reafirmarmos nosso compromisso em sermos modelos de caráter para nossas crianças e oferecermos a elas um norte certeiro em meio à confusão de discursos controversos. Contudo, vale lembrar que disfunções familiares em gerações passadas não determinam o futuro de ninguém. Por mais que uma pessoa tenha vivenciado exemplos negativos em sua casa, ela não precisa necessariamente repetir esses padrões; é sempre possível escrever uma nova história com a graça do Senhor. Já aqueles que tiveram boas referências podem usar esta base como plataforma para avançar ainda mais audaciosamente rumo aos propósitos divinos.

Hoje, quando penso na família que tenho construído ao lado da Lívia, minha esposa, assumo o compromisso de honrar o legado dos meus pais. A partir do momento em que ela revelou que estava grávida de nossa primeira filha, a expectativa pela chegada da Aurora gerou uma alegria que eu nunca tinha experimentado antes. Os dias se passavam, e eu imaginava como seria segurá-la em meus braços e olhar em seus olhos. Mal podia esperar para lhe ensinar sobre o mundo e a beleza das pequenas coisas. Por fim, quando nossos olhos se encontraram pela primeira vez, não vi apenas meu reflexo em outro ser, eu descobri um novo sentido para minha vida e um nível mais intenso de coragem para lutar pelo futuro das próximas gerações.

Desejo proporcionar à nossa pequena Aurora um espaço em que ela possa estar realmente segura e acolhida. A expectativa de orientar e, mais importante, amar minha filha como fui amado me empolga de uma forma que não sou capaz de descrever. Essa é uma responsabilidade que abraço com tudo que sou. Quero, como diz a Palavra, instruí-la no caminho em que deve andar (cf. Provérbios 22.6), para que durante toda a sua vida ela permaneça firme na presença de Deus. Quando chegar o momento de construir sua própria família, creio que ela perpetuará o ciclo de amor, fé e valores herdados de nós, seus pais, e de seus avós. Essa é a beleza da família; é um elo entre passado e presente, mas também uma ponte para o futuro.

Nikolas Ferreira

Cristo deixou uma orientação bastante simples e prática a cada um de nós: "Busquem, pois, em primeiro lugar o reino de Deus e a sua justiça, e todas essas coisas serão acrescentadas a vocês" (Mateus 6.33). Quando Jesus disse "todas essas coisas", estava se referindo às necessidades humanas básicas, e alguns exemplos são citados nos versículos anteriores: comida, bebida e roupa. Porém, a passagem ainda nos ensina que o cuidado do Pai se estende a tudo em nossa vida, até mesmo àquilo que precisamos para construir um lar saudável e educar os nossos filhos com excelência.

Fazemos questão de abordar esse tema, pois compreendemos o que se passa pela mente de quem dá seus primeiros passos na constituição de uma família ao se unir em casamento, assim como dos casais que descobrem estar à espera de uma criança. Existe uma mistura intensa de emoções, sendo que é comum que pai e mãe procurem se reorganizar em termos de finanças e rotina para conseguirem cuidar do pequeno ser que o Senhor confiou em suas mãos. Mas entre as inquietações dos que vivem esse processo, acreditamos que talvez um dos maiores questionamentos – feito conscientemente ou não – seja: "Será que eu vou dar conta?".

Ao darmos os primeiros passos na construção do nosso lar, deparamo-nos com uma realidade comum a qualquer casal: um cotidiano repleto de responsabilidades. Tivemos então de alinhar nossas prioridades e logo percebemos que tanto a dedicação à vida espiritual quanto o zelo pelo crescimento profissional eram coisas primordiais para nós. Partindo desses dois pontos essenciais, visávamos a edificar uma base sólida para o futuro da nossa família.

> *Quando o Nikolas tinha apenas 2 anos, enfrentamos o desafio de fundar a nossa igreja local. Na época, eu trabalhava em uma multinacional, e minha rotina já era consumida pelas demandas da empresa, pois a cada semana me encontrava em uma nova cidade, às vezes até em outro país. Ao mesmo tempo, lidava com as responsabilidades da vida familiar e, nos fins de semana, com as tarefas eclesiásticas. Por outro lado, também foi nesse tempo que o Senhor me relembrou do valor de priorizar o que de fato importa. A vida é realmente cheia de responsabilidades, então nós somos tentados a perseguir conquistas materiais e muitas outras que, sem dúvida, carregam méritos, mas nunca devem ofuscar a primazia do Senhor em nosso lar ou mesmo em nossa individualidade.*
>
> **Pastor Edésio**

Como pais, fomos incumbidos de uma missão: ajudar os nossos filhos, Ellen, Nikolas e Lavigne, a entender e cumprir o propósito divino que carregam. Afinal, cada vida que vem ao mundo é uma alma eterna criada por Deus, cujo destino foi traçado por Ele mesmo. Portanto, sabemos que jamais conseguiríamos criar filhos para o amanhã sem depender do Criador. É Ele quem nos concede a sabedoria necessária para exercermos nossa responsabilidade paterna ou materna, que vai além de prover cuidados básicos. Somos chamados a ser bons mordomos da herança do Senhor (cf. Salmos 127.3) e agir sempre em temor a Ele.

Frequentemente, o conceito de temor é associado ao princípio do conhecimento (cf. Provérbios 1.7), da sabedoria (cf. Provérbios 9.10) e até à fonte de vida (cf. Provérbios 14.27). Em complemento a essas verdades, há outro texto bíblico que desvenda uma mensagem poderosa sobre a felicidade que permeia a vida de quem preza pelo temor ao Senhor:

> Bem-aventurado todo aquele que teme ao SENHOR, aquele que anda nos seus caminhos! Você comerá do fruto do seu trabalho, será bem-aventurado e próspero. A sua mulher será como videira frutífera dentro da sua casa; **os seus filhos serão como brotos de oliveira ao redor da sua mesa**. Assim será abençoado o homem que teme ao SENHOR! (Salmos 128.1-4 – grifo nosso).

Em quatro versículos, Davi descreve as bênçãos reservadas àqueles que temem a Deus e Lhe obedecem. A oliveira, árvore especialmente valorizada no Oriente Médio, destaca-se por sua durabilidade, resistência e capacidade de frutificar mesmo sob condições difíceis. Relacionando-a aos nossos filhos, podemos entender que ela simboliza a esperança de que a prole seja frutífera e próspera em qualquer circunstância. Já a imagem da mesa não somente ilustra o convívio familiar, mas também denota a perpetuação da linhagem, assim como a transmissão de valores e tradições de uma geração para a outra.

Inspirados por Salmos 128, incutimos em nossos filhos a reverência a Deus e demonstramos que a verdadeira dádiva está na alegria que acompanha os que caminham de acordo com o coração do Pai. Principalmente a partir do exemplo, buscamos ensiná-los a ter o Senhor na posição de mais alta prioridade. Quer fosse em dias bons ou ruins, eles nos encontrariam orando e lendo a Palavra, também veriam os princípios bíblicos aplicados em cada decisão tomada em nosso lar. Apesar das nossas inúmeras falhas e imperfeições, seguimos nesta direção e, com a graça divina, observamos que os valores cristãos foram impregnados na vida da Ellen, do Nikolas e da Lavigne.

Nós nos empenhamos ainda em lhes instruir sobre o respeito aos demais, sobretudo aos que ocupam posição de autoridade. Nesse sentido, um gesto que pode parecer simples, mas na realidade carrega um significado profundo, é o ato de pedir a bênção, por exemplo. Ensinamos os três a pedi-la tanto a nós mesmos quanto aos seus tios e avós. Atualmente, apenas Lavigne reside conosco, pois tanto a Ellen quanto o Nikolas já se casaram. Nossa caçula mantém essa tradição viva todas as noites antes de se deitar ou sair de casa. Às vezes, em meio a distrações, demoramos um pouco para atender ao seu pedido. Lavigne, então, persiste até receber sua bênção.

Práticas assim, por mais antiquadas ou simplórias que possam parecer, são expressões de respeito que evidenciam o valor da família. Vale lembrar que é nela que se estabelecem as bases da honra, integridade e outros princípios que nos guiam pela vida. Talvez por perceber seu impacto melhor do que nós mesmos o Diabo trabalhe tão enfaticamente para desestruturá-la de todas as formas possíveis. Ao menos é isso o que percebemos com a análise de alguns dados divulgados pela Associação Nacional dos Registradores de Pessoas Naturais (ARPEN).

No intervalo de 2018 a 2022, notou-se uma redução no número de nascimentos no Brasil, observação que já desperta atenção por si só. Como se não bastasse, houve também um aumento considerável no número de crianças registradas sem o nome do pai em seus documentos. Os dados são bastante elucidativos. Entre 2018 e 2022, o número de casos passou de 157,5 mil para 164,6 mil. O aspecto mais incômodo, porém, está na mudança proporcional: a fração subiu de 5,5%, em 2018, para 6,9% em junho de 2023[3].

Esse último dado expõe a quantidade de jovens que crescem em contextos familiares caracterizados pela ausência da figura paterna.

[3] CRESCE o número de crianças sem pai; situação gera pobreza e crimes. **Gazeta do Povo**. Disponível em: <https://www.gazetadopovo.com.br/vida-e-cidadania/cresce-o-numero-de-criancas-sem-pai-situacao-gera-pobreza-evasao-escolar-e-crimes/amp/>. Acesso em: 3 mar. 2024.

Por consequência, observou-se como pessoas que crescem em uma realidade assim ficam mais suscetíveis a desistir dos estudos e não ter acesso a oportunidades de formação técnica ou superior[4]. Além do mais, a inclinação para a criminalidade não só se torna possível, mas, em muitos casos, provável[5]. É importante também reconhecer o impacto psicológico e emocional que essa circunstância pode exercer em crianças e adolescentes. A carência de um pai tende a dobrar a probabilidade de comportamentos autodestrutivos, até mesmo atos extremos contra a própria vida.

Diante de um cenário como esse, é necessário que nós, como embaixadores do Reino celestial, pensemos em estratégias para transformar tal realidade. Em nosso entendimento, uma solução viável seria a abordagem bifronte, que combina a intervenção com a disseminação de valores e princípios que fortalecem o núcleo doméstico. Foi exatamente por esse motivo que nossa igreja local decidiu engajar-se em ações sociais que auxiliam crianças em situações de vulnerabilidade e se propôs a promover conhecimento sobre como famílias podem resistir às adversidades.

No primeiro ano da Graça & Paz, alugamos uma residência e a transformamos no Núcleo de Evangelização Operação Vidas. Aos domingos pela manhã, dedicávamos nosso tempo à evangelização das crianças da comunidade, com o objetivo de alcançar também suas famílias. Nesse local de acolhimento, as mães recebiam orientação a respeito de diversos temas, como planejamento familiar, criação de filhos e prevenção ao uso de álcool e outras drogas. Além disso, algumas de

4 UNICEF Brasil. **Dois milhões de crianças e adolescentes de 11 a 19 anos não estão frequentando a escola no Brasil**, 15 setembro 2022. Disponível em: <https://www.unicef.org/brazil/comunicados-de-imprensa/dois-milhoes-de-criancas-e-adolescentes-de-11-a-19-anos-nao-estao-frequentando-a-escola-no-brasil>. Acesso em: 19 abr. 2024.

5 CECIERJ. Educação como prevenção à violência. **Revista Educação Pública**, 2021. Disponível em: <https://educacaopublica.cecierj.edu.br/artigos/21/22/educacao-como-prevencao-a-violencia>. Acesso em: 19 abr. 2024.

suas necessidades básicas eram supridas por meio de doação de roupas, cestas básicas e brinquedos.

Sempre que pensamos no projeto, somos tomados por um sentimento misto de fracasso e sucesso. Infelizmente, algumas crianças, ainda muito novas, perderam sua vida – foram vencidas pelas ilusões do mundo. No entanto, somos gratos ao Senhor por vermos muitas, agora adultas, que não só foram batizadas em nossa igreja, mas também cresceram, construíram seus próprios lares e romperam com o ciclo de destruição familiar. Nosso propósito sempre foi encorajar pessoas a entender que a desintegração de uma casa gera consequências severas. Afinal, sabemos que não é possível prevenir todos os casos de separação ou divórcio, contudo trazer luz sobre seus resultados e sugerir alternativas para a restauração dos vínculos familiares é algo que está em nossas mãos.

A Palavra de Deus é clara ao revelar o papel valiosíssimo que a família desempenha na estruturação social. Ela é responsável por transmitir valores éticos, morais e culturais por gerações. Em Gênesis, observamos que Deus posicionou homem e mulher como detentores de uma missão: encher e subjugar a Terra (cf. Gênesis 1.28). Aquela família seria a matriz de todas as outras, e a respeito de Sua obra o Criador afirma que tudo havia ficado muito bom (cf. Gênesis 1.31).

Vivemos em uma sociedade que mede a prosperidade pelo acúmulo de riquezas e conquistas profissionais, perspectiva que pode facilmente desviar nosso foco da Verdade. Contudo, sempre devemos ter em mente o que a Palavra esclarece em Mateus 6.33 e crer confiantemente que Deus é um Pai maravilhoso e perfeito. Ele nos ama, sustenta, zela, corrige, confronta, acolhe e supre nossas necessidades. Nem mesmo as nossas imperfeições ou as de nossos filhos podem nos distanciar do amor do Senhor; Ele é o nosso pastor e nunca nos deixará. Caminhar com essa convicção é um bom exemplo de influência que, como pais, podemos exercer. Afinal de contas, a maneira como lidamos com os desafios ou mesmo com erros servem de modelo aos pequenos no âmbito espiritual e demais áreas da vida.

Na adolescência, com meus 15 anos, participei de uma conferência nacional na Ilha do Boi, em Vitória, Espírito Santo. O ano era 1984, e os executivos de uma multinacional se reuniram para uma convenção importante; sendo estagiário na ocasião, também pude fazer parte do evento. Saímos de Belo Horizonte e, em determinado momento da viagem, paramos para comer alguma coisa. De volta à estrada, quando já estávamos a uma distância considerável da lanchonete, meu gerente perguntou se havíamos pagado pelo chocolate que eu segurava em minhas mãos. Confesso que fiquei em dúvida. Não me lembrava ao certo se tinha feito o pagamento ou não, mas levando em conta a distância percorrida, voltar parecia inviável.

Quatro dias depois, retornamos pela mesma rota, e a questão do chocolate veio à tona outra vez. Meu gerente, então, sugeriu que parássemos para acertar a conta, caso necessário, e assim fizemos. Sua atitude simples, mas ética, foi profundamente marcante para mim. A preocupação em resolver algo que, aos olhos de muitos, poderia ser trivial, evidenciou um compromisso genuíno com a integridade. Seria fácil ignorar algo tão pequeno como confirmar o pagamento de um doce em uma lanchonete que recebia centenas de pessoas diariamente. No entanto, a decisão de assegurar que tudo estivesse em ordem, mesmo após vários dias, foi um exemplo de conduta louvável. Além de guardar e praticar o princípio demonstrado por meu chefe, fiz questão de ensiná-lo aos meus filhos.

Certo dia, anos mais tarde, tive uma excelente oportunidade de fazer o mesmo. A empresa em que trabalhava permitia a visita dos familiares de seus funcionários uma vez ao ano. Meus filhos, ainda pequenos e sempre entusiasmados em experimentar algo novo, sentiam-se privilegiados ao percorrer meu escritório e ver suas fotos em porta-retratos pela sala. Entretanto, a certa altura, talvez por curiosidade ou inocência, pediram para levar para casa itens de papelaria, como canetas, colas e clipes de papel; perguntaram se havia a possibilidade de pegá-los, pois "não fariam falta no meio de tantos". Naquele momento, esclareci a importância de distinguir pertences pessoais do que não é nosso. Enfatizei que, não importava se o objeto parecesse insignificante, sendo um clipe ou caneta, nada justificaria nos apropriarmos daquilo que não nos pertence. Por meio desse diálogo, busquei incutir neles a percepção de que a integridade começa em pequenas ações.

Pastor Edésio

Lições de integridade sempre fizeram parte de nosso cotidiano, e elas se mostraram claramente eficazes em algumas ocasiões específicas. Certa vez, compramos um tablet para o Nikolas, cuja felicidade ao desembrulhar o presente foi impressionante. Ele sempre teve um jeito peculiar de lidar com os estudos: desde o ingresso na universidade, abandonou o uso de cadernos, lápis e canetas, aderindo aos eletrônicos para registrar suas anotações – uma escolha que até hoje menciona com certo orgulho. A questão é que, naquela época, ele dependia de transporte público para se deslocar até a universidade, e em determinado ponto do trajeto, já no fim da tarde, foi abordado por um assaltante, que estava armado com uma faca e roubou seu tablet. Tentamos consolá-lo, esperançosos de que eventualmente seria possível comprar um aparelho novo, porém não conseguimos colocar o plano em prática tão cedo.

Foi quando algo aconteceu. Alguns dias depois, Nikolas chegou em casa com uma bolsa pequena que continha um tablet e uma quantia de dois mil dólares. Não demorou muito a nos pedir ajuda para localizar o proprietário dos pertences que havia encontrado. Sem que precisássemos dizer uma palavra, ele já estava determinado a fazer o que era certo. Após algum esforço, descobrimos quem era o dono da bolsa e entramos em contato para lhe devolver. A gratidão do rapaz foi tamanha que se transformou em uma oferta de recompensa, um gesto de reconhecimento pela honestidade do Nikolas. No entanto, sem relutância, ele recusou a proposta generosa e esclareceu que não buscava nenhuma forma de retribuição material por seguir os valores do Reino e dedicar-se a realizar a vontade de Deus.

De fato, pequenos gestos podem ter grandes repercussões. Graças a Deus e ao apoio da comunidade, Nikolas conquistou um marco histórico na eleição para vereador, um sucesso que atribuímos sobretudo ao Senhor, e ao fato de seguir Seus princípios, como a integridade e serviço ao próximo. Não podemos esquecer que nossas ações e ensinamentos têm um impacto profundo na formação do caráter de nossos filhos, pois transmitem a consciência acerca do que é certo e errado. Para o Nikolas, poderia ter sido tentador ver o tablet que encontrou como uma "compensação do Senhor" pelo outro que havia sido roubado; uma espécie de justiça ou até mesmo uma "provisão"; mas, conhecendo verdadeiramente os preceitos bíblicos, decidiu devolver tudo que achou.

O exemplo é uma linguagem silenciosa, porém muito efetiva e eloquente. Seu poder se estende a todos os aspectos de nossa vida: a maneira como tratamos outras pessoas, a gestão das finanças domésticas, a serenidade em momentos tensos, a devoção ao Senhor e tantas outras coisas. Cada escolha que fazemos serve como um bloco de construção ética e espiritual para nós e nossos filhos. Conscientes dessa verdade, alguns podem questionar se existe esperança para alguém que veio de uma família desestruturada. Podemos testemunhar que sim.

Nasci e fui criada no "Cabana do Pai Tomás", em Belo Horizonte, local invadido e ocupado por pessoas que vieram de cidades do interior em busca de uma vida melhor. Acontece que se depararam com a pobreza, desemprego e falta de acesso a recursos básicos; em resumo: escassez de toda ordem. Com o tempo, o tráfico de drogas ocupou espaço e trouxe consigo suas mazelas. Esse ambiente hostil causou um impacto emocional significativo nas famílias que viviam por ali, e os sintomas não demoraram para se manifestar.

Os homens recorriam ao uso de bebidas alcoólicas e encontravam nos bares um espaço propício à violência e prostituição. Lembro-me de assassinatos recorrentes na região e cheguei até a presenciar alguns.

Havia mulheres que também bebiam e outras que faziam uso de calmantes porque, como diziam, sofriam "dos nervos". A angústia alcançava também as crianças, e muitas delas apresentavam alterações de comportamento, como irritabilidade e insônia. Uma vez que essas crianças não seriam capazes de buscar refúgio em algo por conta própria, os pais eram orientados a dar-lhes medicamentos a fim de tranquilizá-las.

Os profissionais de saúde prescreviam, por exemplo, o uso de Gardenal, que é indicado para tratamento de epilepsia. Naquela época, era usado também para aliviar sintomas de ansiedade. Minha mãe, com receio dos possíveis efeitos colaterais, prudentemente não aderiu à proposta quando foi prescrito também para mim. Sinto-me aliviada, pois hoje sabemos que, infelizmente, o uso a longo prazo desse medicamento oferece um alto risco de déficit cognitivo.

Meu ambiente familiar era conturbado, conflituoso na maior parte do tempo e até violento. Na luta diária pela sobrevivência, o afeto ficava em segundo plano, de modo que meus irmãos e eu éramos crianças reprimidas e carentes. Na minha ingênua percepção de mundo, acreditava que existiam dois povos: aqueles que tinham recursos e aqueles que não tinham. Fazia parte deste último e não conseguia vislumbrar algo melhor.

Naquela época, meu pai ainda não era cristão, e suas intervenções na nossa educação eram por vezes inadequadas. Contudo, devo honrá-lo. Hoje reconheço que ele nos educava da forma que era capaz, pois não dispunha de recursos intelectuais ou emocionais para fazer algo diferente do que fez. Antes me sentia angustiada, mas hoje compreendo que, mesmo com muitas falhas, ele soube nos proteger. Com ele, aprendi sobre o respeito, honestidade e decência. Lembro com carinho quando me ensinou, aos 7 anos, a identificar as horas em um relógio sem números, usar uma trena, fazer cálculos e tirar a "prova dos nove".

A despeito do contexto desfavorável em que nascemos, meus irmãos e eu (sou primogênita de sete filhos) escolhemos servir ao Deus que nos foi apresentado por nossa mãe, rompemos em fé e hoje todos podemos dizer: eu e a minha casa servimos ao Senhor.

Isso foi possível porque, em minha jornada pessoal, percebi a existência de padrões de comportamentos destrutivos que marcaram minha família por gerações. Como mãe, esforcei-me para preservar as lições positivas e não permitir que hábitos nocivos continuassem em minha linhagem. Eu me posicionei para interromper ciclos de dor e sofrimento, crendo sempre que o Senhor é um Deus de renovo e transformação.

Sustentada pela verdade de que Ele é poderoso para fazer novas todas as coisas, depositei toda a minha confiança n'Ele para deixar um bom legado aos meus filhos. Independentemente das sombras do passado, podemos escolher viver na luz e, assim, permitir que nossos pequeninos e as próximas gerações herdem recursos para resistirem e fazerem a diferença em uma sociedade cada vez mais decadente.

Pastora Ruth

Nenhuma família é isenta de desafios, conflitos ou de situações que colocam à prova a força deste laço. Ao mesmo tempo, é incontestável como o seu papel no desenvolvimento humano se mostra fundamental. Na realidade, um capítulo ou até mesmo um livro inteiro não seriam suficientes para registrar a beleza e riqueza da constituição de um lar. Ele representa o primeiro contexto no qual a criança aprende sobre respeito, empatia, solidariedade e fé. Não é por acaso que a Palavra do Senhor nos aconselha a instruir os filhos no caminho em que devem andar, pois com o passar dos anos não se desviarão dele (cf. Provérbios 22.6).

Em tempos desafiadores como o que vivemos, precisamos trazer à luz uma esperança: pessoas que vieram de lares fragmentados não estão fadadas a perpetuar esses padrões. Elas podem, sim, quebrar os ciclos danosos e construir lares verdadeiramente saudáveis. Em Isaías 43.18-19 podemos reconhecer a grandeza e soberania de um Deus que é capaz de aniquilar todo o peso do passado e trazer à existência o que outrora era impensável: "Esqueçam o que se foi; não vivam no passado. Vejam, eu farei uma coisa nova! Ela está prestes a acontecer! Vocês não a percebem? Até no deserto vou abrir **um caminho e riachos no ermo**" (grifo nosso).

A presença de Deus na família promove cura e reconstrução. Essa verdade se estende a quem já é pai ou mãe e aos filhos e filhas que sonham em formar suas próprias famílias apesar dos traumas que possam ter vivido antes. Hoje, analisando nossas histórias, contextos familiares e pessoais, sabemos que uma coisa é certa: tudo o que construímos em nosso lar só foi possível pela graça de Deus. Sem a presença do Senhor, não teríamos conseguido. Se Ele nos ajudou, sustentou e capacitou, certamente fará o mesmo por sua família.

Pastor Edésio e Pastora Ruth

2

“A coisa mais extraordinária do mundo é um homem comum, uma mulher comum e seus filhos comuns.”

G. K. Chesterton

Unidos por toda a vida

Se existe algo que todo ser humano deseja é terminar bem. Qualquer que seja a nova empreitada que nos propomos a fazer, talvez um empreendimento, um curso ou a constituição de uma nova família, esperamos ter sucesso na jornada até o fim. E é curioso como não se costuma pensar por essa perspectiva, por mais que no fundo ela revele algo inegável e verdadeiro. Tanto que a própria Palavra afirma: "O coração do sábio está na casa onde há luto, mas o do tolo, na casa da alegria. [...] O fim das coisas é melhor que o seu início [...]" (Eclesiastes 7.4-8).

Pode ser que ao ler essa passagem pela primeira vez você tenha estranhado um pouco, pois não é raro nos esquecermos do valor de concluir o que começamos. Geralmente nos empolgamos muito mais com os inícios, que carregam a esperança de possibilidades infinitas, do que com os desfechos. Só que é durante um processo, com início, meio e fim – de preferência um bom fim –, que a nossa perseverança é colocada à prova e temos a oportunidade de crescer como seres humanos. À medida que nos aproximamos do fim de uma jornada, podemos olhar para trás e enxergar tudo o que passamos, felizes pelos progressos alcançados ou conscientes daquilo que devemos mudar. Porém, para que isso se concretize, precisamos pensar bem a respeito da maneira como começaremos algo.

É justamente este paradoxo que encontramos ao longo da Palavra de Deus. Ao mesmo tempo que nos convida a refletir sobre o fim, ela não menospreza os começos. Pelo contrário, traz um alerta sobre a importância de um bom planejamento antes de darmos os primeiros passos em algum projeto. Isso fica claro quando lemos o que Jesus afirma no texto de Lucas 14.28-30:

> Qual de vocês, se quiser construir uma torre, não senta primeiro para calcular o preço e verificar se tem dinheiro suficiente para completála? Pois, se lançar o alicerce e não for capaz de terminá-la, todos os que a virem zombarão dele, dizendo: "Este homem começou a construir e não foi capaz de terminar".

Cristo faz essa analogia para explicar o preço de ser um dos Seus seguidores. Contudo, Suas palavras vão além disso; elas mostram que é preciso parar e considerar se temos o necessário para persistir até o fim antes de nos comprometermos com o que quer que seja. A ideia de se preparar não é apenas uma precaução contra o fracasso, mas uma maneira de respeitar o processo que estamos prestes a iniciar.

Aristóteles já dizia que "o começo é mais que metade do todo"[1], ou seja, começar bem facilita a execução de todo o resto do trabalho. Parte superior do formulário Tratando-se de uma nova família, que se inicia com o casamento, não é diferente; os votos matrimoniais terminam sempre em "até que a morte nos separe". Esse compromisso, feito diante de Deus no primeiro dia de casados, já aponta para o percurso diário que está por vir. Todo homem ou mulher que assume essa aliança sabe muito bem como o que acontece no altar não é gerado ou consumado de uma hora para outra. Eu mesmo fui aprendendo sobre

[1] Aristóteles, Vol. 2. **Ética a Nicômaco**. Tradução de Leonel Vallandro e Gerd Bornheim da versão inglesa de W. D. Ross. São Paulo: Nova Cultural, 1991.

relacionamentos com os meus pais desde pequeno, de forma gradativa, conforme a fase de vida em que estava.

Reconhecer virtudes como justiça, coragem, prudência e sensibilidade em situações cotidianas reforçou em mim a necessidade e importância dessa construção a dois. Ao olhar para trás e analisar minha história, percebo que esse processo se intensifica a cada dia, pois quando nos permitimos ser moldados por Cristo, cada batalha e desafio se transforma em uma oportunidade de crescimento.

Quando encontrei a Lívia pela primeira vez, em um evento que ocorreu na cidade de Vitória, Espírito Santo, logo nos apaixonamos. Embora já nos conhecêssemos pelas redes sociais, aquela foi a primeira vez que nos vimos pessoalmente, encontro que marcou o início do nosso relacionamento.

Durante nosso namoro, lembro que ela fez um intercâmbio no Canadá que coincidiu com o dia do aniversário dela. Portanto, não estaríamos juntos para comemorar. Só que antes de sua viagem, fiz uma carta e pedi para que só a abrisse em seu aniversário. Na carta, estava escrito: "Feliz aniversário, amo muito você! Gostaria de estar aí e isso é possível, pode descer e me encontrar, porque estou na porta". Viajei em segredo e, no dia do seu aniversário, estava na porta da casa onde ela se hospedou. Foi um momento realmente especial.

Outra situação marcante nessa fase inicial se deu quando pedi sua mão em casamento e lhe dei um presente que havia guardado desde 2018, muito antes de conhecê-la. Em uma viagem à Praia do Morro, na Bahia, entrei em uma loja de *souvenirs* e encontrei um quadro com uma mensagem romântica. Decidi comprá-lo com a intenção de dá-lo à mulher com quem me casasse; mantive-o guardado em segredo por um bom tempo. Nele, estava escrito: "Eu vou cuidar bem do seu jardim". Lembro que a Lívia mencionou essa frase no fim de seus votos matrimoniais. Essas palavras marcaram nossa história, pois simboliza a nossa espera e busca pela pessoa certa.

Independentemente do contexto que antecede a união de duas pessoas, é certo que deve haver um preparo para isso. Não quer dizer que tudo precisa estar perfeito para que o casamento aconteça, ou que não existirão alinhamentos mesmo após muitos anos de matrimônio, mas considero crucial que os princípios básicos estejam alinhados e que os planos de ambos se entrelacem.

Se considerarmos, por exemplo, a preparação de um corredor para uma maratona, talvez fique mais fácil entender este conceito. A partir do momento em que o atleta se propõe a fazer uma prova, estabelece um plano de ação com treinos intensos, dieta balanceada, períodos de descanso para recuperação e por aí vai. Assim também um casal precisa adotar certas práticas e se empenhar em alguns aprendizados para preservar e fortalecer sua relação.

Isso nos leva a um ponto fundamental: uma comunicação clara e coerente deve permear a vida a dois. Marido e mulher não podem ser estranhos vivendo sob o mesmo teto, mas sim melhores amigos; e para que consigam construir esse nível de intimidade, precisam evitar suposições sobre o que o outro pensa ou sente e procurar ouvi-lo. Um diálogo aberto gera confiança e compreensão, e, desse modo, cada um se sente à vontade para expor suas necessidades e preocupações.

Separar um tempo exclusivo para o casal também é importantíssimo. Seja participando de atividades que os dois gostem ou desfrutando de um momento tranquilo em casa; o que importa é a presença e a atenção que dedicam mutuamente. Essas ocasiões ajudam a aliviar o estresse do dia a dia, criam memórias preciosas e reforçam a ideia de que, apesar dos obstáculos, o casal é capaz de encontrar consolo e alegria na companhia um do outro.

Poderia citar muitos pontos essenciais para um bom casamento – fidelidade, gentileza, intimidade, etc. –, mas finalizo essa lista com o que, para mim, é primordial: uma vida entregue a Deus. Tê-lO como Senhor e centro da relação vai além de seguir preceitos religiosos; envolve cultivar uma espiritualidade que abrange todos os aspectos do matrimônio e dos indivíduos. Deus é amor (cf. 1João 4.16), e sem Sua presença a aliança entre os cônjuges pode ser fortemente comprometida.

Não por acaso, Eclesiastes 4.12 traz ao relacionamento a dimensão de uma unicidade e força que não só incorpora a dualidade do homem e da mulher como supera suas limitações. O Senhor não anula nenhum dos lados, mas transforma o vínculo em uma expressão mais forte de amor e união: um cordão de três dobras, que não se rompe com facilidade.

Um triângulo também ilustra esse conceito de maneira bem simples e intuitiva. Imagine que o ponto no vértice superior simboliza Deus, enquanto os da base representam um homem e uma mulher. À medida que ambos se esforçam para se aproximar do Senhor, a distância que os separa é reduzida. Isso acontece porque, ao se moverem em direção ao ponto de cima, se deslocam um em direção ao outro e fortalecem a conexão entre si. Em contrapartida, quando escolhem se afastar de Deus, acontece o contrário: eles se veem cada vez mais afastados um do outro. É por esse motivo que todo cônjuge deve conceder a Jesus o primeiro lugar em sua vida.

Repare na história do rei Salomão, por exemplo; ele começou seu reinado em Israel sendo fiel a Deus e foi abençoado com sabedoria, riqueza e um período de paz. Entretanto, com o tempo o Senhor teve de lhe dar duas advertências, lembrando-o de seguir Seus mandamentos (cf. 1Reis 3.5-14; 9.1-9). Apesar dos alertas de Deus, Salomão continuou em desobediência. Sua escolha de formar alianças por meio de casamentos com princesas de nações pagãs e participar da adoração a outros deuses revelou que ele priorizava laços políticos e desejos pessoais em vez do seu vínculo com o Senhor. Como consequência, Deus lhe disse que o reino seria dividido durante o domínio de seu filho, e apenas uma tribo permaneceria sob o controle da casa de Davi (cf. 1Reis 11.11-13).

Em compensação, a Bíblia também nos conta a história de Josué e a conquista de Jericó. Ela mostra o que ocorre quando o Senhor é colocado em primeiro lugar na vida de alguém (cf. Josué 6). Após a morte de Moisés, Josué se tornou o líder dos israelitas e foi encarregado de conduzir o povo à Terra Prometida. Deus prometeu que estaria com ele, desde que seguisse a lei divina (cf. Josué 1.5-9). Jericó era uma cidade fortificada com muralhas altas e, à primeira vista, parecia impossível conquistá-la. Entretanto, Josué e o povo cumpriram à risca as instruções do Alto, sem questionar nada. No sétimo dia, após rodearem a cidade pela sétima vez e os sacerdotes tocarem as trombetas, o líder de Israel ordenou ao povo que gritasse. Então as muralhas caíram, e os israelitas tomaram posse da cidade.

A matemática é simples: se Cristo for a Pedra angular da sua casa, a Rocha sobre a qual seu lar está firmado, a vitória é certa. Porém, o fato é que, enquanto Deus nunca falha, nós, seres humanos, erramos incontáveis vezes. Temos, portanto, de aprender a viver em harmonia e estender graça ao outro, assim como esperamos que se faça a nós. Vale lembrar que a intenção no relacionamento não é evitar falhas a qualquer custo, mas não permitir que a negligência ou o pecado prejudiquem a aliança. Esse ideal de relação, por mais simples que pareça, infelizmente está se tornando cada vez mais distante da realidade.

Vivemos em uma sociedade predominantemente hedonista, na qual a busca pelo prazer imediato é quase tão intensa quanto a superficialidade das convicções. O hedonismo[2], como filosofia, surgiu na Grécia Antiga. A princípio, quem seguia essa linha de pensamento acreditava que a busca pelo prazer não se limitava a aspectos materiais, mas envolvia uma compreensão de como alcançar o bem-estar

[2] O hedonismo é uma doutrina filosófica que identifica o prazer como o bem supremo e o principal objetivo da vida; tem suas raízes na Grécia Antiga e caracteriza-se pela busca da satisfação e da felicidade como os maiores propósitos humanos. Essa linha de pensamento é frequentemente criticada por promover uma visão de vida focada exclusivamente no prazer imediato, negligenciando valores éticos e morais. **Hedonism**, Stanford Encyclopedia of Philosophy. Disponível em: <https://plato.stanford.edu/entries/hedonism/>. Acesso em: 22 mar. 2024. **Hedonism**, Internet Encyclopedia of Philosophy. Disponível em: <https://iep.utm.edu/hedonism/>. Acesso em: 22 mar. 2024.

de uma maneira ética, sem grandes esforços. O filósofo Epicuro[3], por exemplo, defendia um estilo de vida simples, em que o objetivo não era encontrar prazeres novos e mais vorazes incessantemente, e sim conquistar uma vida livre de dor física e preocupações.

O problema desses ideais é que viver desse modo é uma grande ilusão. Em vez de trazer felicidade e contribuir para o crescimento pessoal, esse ciclo vicioso frequentemente culmina em um estado de destruição, vazio e insatisfação. Uma famosa crítica ao hedonismo foi apresentada por meio do experimento conhecido como "máquina de experiências", proposto por Robert Nozick[4]. Ele sugeriu que o prazer não é tudo o que importa para o nosso bem-estar e fundamentou sua tese com a imagem dessa máquina capaz de proporcionar qualquer experiência que fosse desejada.

Nozick argumenta que se o nosso único objetivo fosse alcançar o máximo de prazer possível, precisaríamos permanecer conectados a essa máquina até o fim da nossa vida. No entanto, nenhum ser humano sobrevive de epifanias e êxtases. Assim, o filósofo apontou três motivos para preferirmos não ficar presos a ela: o primeiro é que, no fundo, queremos fazer coisas de fato, não somente obter o resultado ou a sensação que o acompanha. Desejamos encontrar autenticidade

[3] Epicuro foi um filósofo grego antigo que fundou a escola do epicurismo, centrada na busca da felicidade por meio da minimização da dor e do medo. Diferentemente de muitas correntes filosóficas contemporâneas que se concentravam em questões metafísicas, Epicuro focava na vida prática e na obtenção de uma vida tranquila (ataraxia) por meio do conhecimento, da amizade e da moderação. Ele sustentava que o prazer, entendido como a ausência de dor física e perturbação mental, era o maior bem. Epicuro também era materialista, acreditando que tudo no Universo consistia de átomos e vazio. Suas ideias influenciaram várias correntes de pensamento ao longo da História e continuam a ser estudadas até hoje.

[4] Robert Nozick foi um filósofo americano, professor da Universidade de Harvard, e uma figura proeminente na filosofia política, mais conhecido por seu trabalho em *Anarquia, estado e utopia*. Esse livro desafiou as visões predominantes de teorias de justiça distributiva, particularmente a teoria da justiça de John Rawls, e introduziu conceitos influentes como o experimento da máquina de experiências e o argumento em defesa de um estado mínimo.

e propósito no que fazemos. Segundo, temos a necessidade de desenvolver qualidades que definam nossa identidade e moral – ser alguém corajoso, inteligente e assim por diante. E, terceiro, estaríamos limitando nossa existência a uma realidade artificial ou, em outras palavras, seríamos adultos infantilizados perdidos em mundos utópicos.

A concepção contemporânea do hedonismo piorou a situação ao enaltecer o prazer de forma excessiva, sem considerar as consequências que isso traria à esfera social. Então, experiências que garantiam satisfação rápida e fácil foram favorecidas à custa de preceitos éticos. Levando isso em conta, não é de surpreender que hoje uma parcela considerável da população mostre desinteresse pelo casamento, ou que entre aqueles que decidem se unir legalmente exista uma tendência de optar por não expandir a família. Muitos têm se concentrado quase que exclusivamente em suas conquistas profissionais e autossatisfação, relegando a formação de uma família a um segundo plano. Mudanças assim levantam preocupações acerca da ordem social. A médio prazo, essa visão limitada resultará em uma geração frustrada, que uma hora ou outra se dará conta de como nenhum status social substitui o privilégio de deixar um legado.

Para vencer essa tendência, temos de estar dispostos a remar contra a maré. Afinal, existe uma pressão cultural e midiática que desencoraja a constituição de famílias. Alega-se que a escolha de não engravidar é empoderada, responsável e até mesmo preferível; chega-se até a condenar os que decidem estar abertos à vida, questionando o motivo de gerarem filhos em um mundo caótico. Diversas figuras públicas influentes retratam a maternidade e a paternidade sob ópticas negativas. Como se não bastasse, celebram a independência e a sexualidade feminina, afirmam que uma mulher pode ser qualquer coisa – atriz, empresária, servidora pública – contanto que não deseje ser esposa e mãe. Que ironia; falam como se tivessem vindo ao mundo por uma cegonha. Essa não é uma obra do acaso, e sim uma estratégia calculada e nefasta, que tem por objetivo deturpar o plano original de Deus: a família.

O mundo sempre tentará nos distrair do que realmente importa. Mas a verdade é que a obsessão por sucesso profissional, a busca constante por reconhecimento ou o acúmulo de bens materiais não se comparam à bênção de voltar para casa e ser recebido pelo abraço de uma esposa e uma filha que sentiram sua falta durante o dia. São instantes assim que trazem beleza e real contentamento à vida. A sociedade parece não se cansar de correr em círculos atrás de uma felicidade ilusória. Não percebem ou fingem não entender que, na verdade, os tesouros mais preciosos são descobertos nos momentos simples e cotidianos de um lar temente a Deus, cuja concepção não se concretiza apenas com o nascimento de filhos, mas desde a aliança matrimonial.

Nikolas Ferreira

Se parar para refletir, logo você perceberá que não é coincidência o fato de a Bíblia começar e terminar fazendo menção a casamentos. Em Gênesis, já no segundo capítulo, deparamo-nos com a narrativa da união de Adão e Eva (cf. 2.22-24), que denota o início da linhagem humana. Deus esclarece que "[...] não é bom que o homem esteja só [...]" (Gênesis 2.18) e em seguida cria uma companheira para ele – uma aliada, auxiliadora, adjutora, alguém que o completa. A criação de Eva a partir de uma costela de Adão simboliza um vínculo íntimo e permanente, em que há uma clara complementaridade:

> [...] Deus fez uma mulher e a levou até ele. Então, o homem disse: "Esta, por fim, é osso dos meus ossos e carne da minha carne! Ela será chamada 'mulher', porque do homem foi tirada". Por essa razão, o homem deixará pai e mãe e se unirá à sua mulher, e eles se tornarão uma só carne (Gênesis 2.22-24).

Foi assim que o Criador estabeleceu a primeira relação conjugal e instituiu o casamento. O plano divino para a humanidade começou com um homem e se desdobrou quando ele se uniu a uma mulher. Assim, o Senhor pôs um fim à solidão, estabeleceu o fundamento para a família e abençoou com fecundidade a aliança que transformava dois seres em um. Mas não só isso; nosso Pai Celestial também visava à pureza e à felicidade. Por essa razão, atribuiu ao matrimônio o papel de prevenir a imoralidade sexual (cf. 1Coríntios 7.2 e 9) e ser uma fonte de alegria para os cônjuges (cf. Provérbios 5.18). Deus, em Sua perfeição, exprimiu na vida a dois um pequeno vislumbre do vínculo eterno de amor que Ele deseja manter com Sua criação.

Isso nos leva para um dos últimos capítulos das Escrituras, em que lemos a respeito das Bodas do Cordeiro (cf. Apocalipse 19.6-9), que não se refere apenas a um acontecimento escatológico, mas simboliza o cumprimento das promessas divinas e a vitória final sobre o pecado e a morte. A Igreja é retratada como a Noiva adornada para Seu Noivo, Cristo: "[...] chegou a hora do casamento do Cordeiro, e a Sua noiva já se preparou. Para vestirse, foilhe dado linho fino, brilhante e puro [...]" (Apocalipse 19.7-8). Diferentemente da união de Adão e Eva, a que está descrita nas últimas páginas das Escrituras marca o fim da humanidade como a conhecemos e mostra a restauração do que havia sido perdido no Jardim do Éden. Essas bodas, o reencontro de Cristo com a Igreja, marcam o início da Vida Eterna.

Com base nessas considerações, fica claro que resumir o casamento a duas assinaturas em um cartório ou ao grande dia de celebração dos noivos pode ser um tanto simplista. Ao mesmo tempo, não temos a pretensão de ignorar o seu fator humano; todos procuramos por alguém que satisfaça os desejos de nossa alma, ainda que parcialmente, já que somente o Senhor pode nos suprir por completo.

Podemos dizer que o casamento – como forma de ilustrar a relação entre Deus e a humanidade – é uma das metáforas mais poderosas da literatura bíblica. Em Isaías 54.5, por exemplo, o Senhor é chamado de "marido" de Israel: "Pois aquele que a fez é o seu marido, o SENHOR dos Exércitos é o seu nome, o Santo de Israel é o seu Redentor; ele é chamado o Deus de toda a terra". Em Jeremias, há uma passagem que traz à tona a memória da aliança sagrada com os israelitas, em que as figuras de marido e esposa são utilizadas outra vez para elucidar o amor de Deus por Seu povo (cf. Jeremias 31.32). Esse tipo de comparação se repete em outros textos, levando-nos a entender a união matrimonial como um compromisso realmente sublime, íntimo e precioso.

Além dessas passagens, Efésios 5 traça um paralelo crucial da teologia cristã: a analogia entre as relações marido-esposa e Cristo-Igreja. Após abordar outros tipos de relacionamentos, o apóstolo Paulo discorre acerca dos papéis da esposa e do marido na relação conjugal, a começar pela mulher:

> Esposas, cada uma de vocês deve se sujeitar ao seu marido, como ao Senhor, pois o marido é o cabeça da esposa, como também Cristo é o cabeça da igreja, que é o seu corpo, do qual ele é o Salvador. Como a igreja está sujeita a Cristo, assim a esposa esteja sujeita em tudo ao marido (v. 22-24).

O texto não pretende impor nenhuma forma de opressão, silenciar a voz da mulher ou suprimir sua identidade; ele tem como objetivo apontar para a liderança matrimonial concedida por Deus ao homem. Marido e esposa precisam sempre lembrar que ambos constituem uma só carne (cf. Gênesis 2.24), de forma que nenhuma parte deve considerar-se mais valiosa do que a outra. No entanto, a responsabilidade do lar perante Deus e a sociedade é uma incumbência masculina. A figura feminina, por sua vez, é responsável por trazer o suporte ao lar; por isso mesmo ela é chamada de ajudadora. Agora, quem já precisou de apoio e sustentação sabe que, nesses momentos, não se recorre a alguém fraco ou incapaz.

O problema é que, há algum tempo, a submissão tornou-se assunto polêmico. Dizem que ela não concede o direito a decisões livres e condiciona o indivíduo submisso ao servilismo, obrigando-o a abaixar a cabeça e obedecer sem expressar qualquer opinião. Enquanto isso, a Bíblia nos relata o modelo absoluto de submissão: o próprio Deus. Sabemos que Cristo se fez carne e veio ao mundo; Suas palavras no Jardim do Getsêmani apenas comprovam a abdicação de Sua vontade em prol de um propósito maior: "[...] meu Pai, se for possível, afasta de mim este cálice; contudo, não seja como eu quero, mas como tu queres" (Mateus 26.39).

Cumprir Sua missão de fato não foi fácil, mas, como lemos em Hebreus 12.2: "[...] pela alegria que lhe fora proposta, suportou a cruz, ao desprezar a vergonha, e assentou-se à direita do trono de Deus". A lição que o Mestre nos ensina é que se submeter significa olhar além dos nossos desejos; é subjugar nosso ego, sabendo que a recompensa nem sempre virá por mãos humanas.

Contudo, retomando a passagem de Efésios 5, vale ressaltar que Paulo não encerra suas palavras no trecho mencionado anteriormente. Ele afirma algo que, de relance, parece um tanto óbvio: "Maridos, cada um de vocês deve amar a sua esposa [...]" (v. 25). Ora, nenhuma mulher deseja se casar com um homem que não a ame; esse é o mínimo que se espera. Porém, o versículo continua: "[...] assim como Cristo amou a igreja e entregou-se por ela". As Escrituras não sugerem um ideal caricato, romantizado e utópico, mas apresentam uma forma de amor que é sacrificial, deliberada e santificadora. Apesar de ser Deus, Jesus não Se utilizou disso em benefício próprio. Ele esvaziou a Si mesmo, assumiu a forma de servo, tornou-Se semelhante ao homem (cf. Filipenses 2.6-7), e mais: "Sendo encontrado em figura humana, humilhouse e foi obediente até a morte, e morte de cruz!" (Filipenses 2.8). Por essa razão, Cristo também é o modelo supremo aos maridos, que devem aproximar-se mais e mais desse exemplo a cada dia.

Nosso Mestre Se ofereceu como sacrifício para purificar a Igreja, torná-la imaculada, sem imperfeições, santa e sem culpa (cf. Efésios 5.27). De maneira semelhante, é responsabilidade do homem conduzir sua esposa em direção a Deus. Como líder do casal, ele assume a função de discernir a vontade do Pai para sua família, trazer visão, proteção e provisão, além de alimentar a esposa e os filhos espiritualmente.

Esse amor descrito em Efésios 5.25 é *ἀγαπᾶτε* (agapate), derivado de *ἀγάπη* (ágape), expressão que também define o amor de Deus pela humanidade. Estamos falando, portanto, de um amor incondicional, que não busca benefícios pessoais. E o amor verdadeiro, como bem sabemos, expressa-se em ações. Foi isso que Timothy Keller observou:

> Em Efésios 5.28, Paulo diz: "O marido deve amar sua mulher". No versículo 25, ele já havia instado os maridos a amarem cada um a sua mulher, mas aqui, só para deixar bem claro, o apóstolo usa um verbo que enfatiza a obrigação. Não há dúvida acerca do que está dizendo. Paulo dá uma ordem ao marido: ele **deve** amar a esposa. Não podemos ordenar que alguém produza uma emoção, mas é possível ordenar que realize certas ações, e é isso que Paulo exige aqui. Sua preocupação não é com o sentimento do marido em determinado dia ou momento; a obrigação dele é amar a sua mulher[5].

Do mesmo modo que a submissão está para a mulher, o amor sacrificial está para o homem. Não se tornaria mais fácil, portanto, submeter-se a alguém que a ama de maneira sacrificial? Igualmente, não seria mais fácil amar alguém que se submete e o auxilia em todas as situações? Casar é uma bênção; é a arte de compor um "nós", sem perder o eu. Marido e mulher compartilham o compromisso de honrar as singularidades um do outro e expressar um amor que tudo suporta, crê, espera e persevera (cf. 1Coríntios 13.7). Deus, porém, não parou por aí. Ele concedeu à aliança matrimonial o precioso dom de participar da geração de novas vidas. Esse é Seu comando aos homens em Gênesis 1.28,

5 KELLER, Timothy. **O significado do casamento**. Tradução: Susana Klassen. São Paulo: Vida Nova, 2012, p. 125.

quando reitera a mesma ordem dada a todos os seres vivos que povoam as águas e às aves que enchem os céus (cf. Gênesis 1.22).

No entanto, em Malaquias encontramos um texto que dialoga com a Criação e desvenda a intenção divina ao nos incumbir de multiplicar. Embora o contexto aborde a repreensão a Israel por condutas reprováveis, esclarece um ponto importante: "Acaso Deus não os fez um [uma só carne], com uma porção do espírito que lhe pertence? E o que o único Deus deseja? Uma descendência [que sejam férteis e multipliquem-se] dedicada a Deus [...]" (2.15 – acréscimos nossos). Portanto, além de querer a continuidade de Suas criaturas, o Senhor deseja que a sua descendência seja dedicada a Ele, que as formou e abençoou com a promessa: "Seus filhos serão bem-sucedidos em toda a terra; uma geração inteira de justos será abençoada" (Salmos 112.2 – NVT).

Nossa história não é marcada por coincidências, mas "Cristocidência". Em minha juventude, tinha uma inquietação: como seria meu futuro e como constituiria uma família? Sentia-me insegura, pois os exemplos próximos não correspondiam à minha expectativa. Além disso, havia episódios recorrentes de conflitos com meu pai. Foi então que minha mãe sugeriu que eu passasse alguns dias na casa de meus tios, que moravam no Espírito Santo.

Naquela mesma semana, esbarrei em Edésio, que me fez um convite para ir a um culto de jovens. Esse encontro aconteceu após muitos anos sem vê-lo, em uma rua onde ele não costumava circular. Nós havíamos nos conhecido na infância, quando minha mãe congregou na Assembleia de Deus, onde o pai dele era presbítero. Aos 12 anos, desviei-me e não o via desde então. Curiosamente, durante a adolescência, estudamos na mesma escola e no mesmo turno, porém nunca nos vimos na escola. Não pude aceitar o convite, pois viajaria para o Espírito Santo antes do dia do culto. Aqueles "alguns dias" que passaria por lá se tornaram cerca de quatro meses, já que haveria o casamento da minha prima e o Natal se aproximava.

Certo dia, então, quando estava sozinha na casa de meus tios, de repente fui tomada por um sentimento que descrevo como "saudade de Deus". Decidi prontamente que, ao retornar para casa, me reconciliaria com o Senhor. O que experimentei naquele momento foi tão intenso que, imediatamente, procurei por uma Bíblia. Quando finalmente encontrei uma, ávida por alguma palavra, li o primeiro versículo que avistei: "Eu o instruirei e lhe ensinarei no caminho que você deve seguir; eu o aconselharei e cuidarei de você" (Salmos 32.8).

Ao retornar de viagem, saí para dar uma volta e, novamente, encontrei Edésio. Aproximei-me para explicar o motivo de não ter comparecido à igreja. Para minha surpresa, ele refez o convite, que dessa vez foi aceito. Combinamos que, no dia do culto, ele iria até a minha casa para me acompanhar à igreja, e assim aconteceu. Ao chegar ao templo, emocionada, rememorei os momentos abençoados que havia vivenciado ali. Pensei no quanto foi curioso a "coincidência" de reencontrar Edésio no dia que cheguei de viagem.

Foi quando entendi que Deus estava cumprindo a promessa revelada naquele versículo e deixando claro onde desejava que O servisse, o que fiz com muita alegria. Na semana seguinte, quando o Edésio me aguardava para irmos ao culto outra vez, minha mãe compartilhou com ele algumas lutas. Então, ele lhe disse: "Sabe do que a senhora está precisando? Nascer de novo". Aquela palavra foi como água no deserto para ela, que também se reconciliou com Cristo. Até hoje, ela costuma dizer: "O Pr. Edésio foi um anjo que apareceu na minha casa".

Como mencionei anteriormente, preocupava-me com quem estaria ao meu lado como marido. Obviamente, ele já teria nascido, de modo que comecei a orar por essa pessoa que, supostamente, ainda não conhecia. Também intercedia pelos filhos que o Senhor poderia nos dar. Minha oração não se restringia a pedir por um marido e filhos, mas já ministrava bênçãos sobre a vida deles.

Algum tempo depois, Edésio me pediu em namoro. Depois, veio o noivado e, finalmente, o casamento. Vale ressaltar a importância de, durante o namoro, o casal conversar, entre outras coisas, sobre futuros filhos.

Diante de tudo isso, reconheço com gratidão o cuidado de Deus em nossa vida. Sua vontade é nos ver trilhando um caminho excelente que glorifique o Seu nome, e quando entendemos a preciosidade de constituir uma família e criar filhos consagrados ao Senhor, a Sua Palavra se cumpre.

Pastora Ruth

Mesmo tendo passado por diversas transformações, desde a antiguidade até o presente, a família continua tendo por base sua formação por meio do casamento. Sendo assim, cônjuges podem dar um passo em concordância com o desígnio divino e assumir o papel de pais, seja espiritual, biologicamente ou por meio da adoção. Mas ser um pai ou mãe conforme Deus planejou não é algo que acontece da noite para o dia. Envolve sacrifício, dedicação e renúncia de dois seres humanos que passarão a ser responsáveis pelo desenvolvimento de uma alma eterna. Seu exemplo e ensino orientarão a criança pelo caminho adequado, de modo que ela possa se tornar quem o Senhor a criou para ser. Em todo esse processo, contudo, não estarão sozinhos. É certo que poderão contar com a graça do Senhor, a direção do Espírito Santo e o amor do Pai.

No fim, o processo acaba sendo mais simples do que parece, especialmente quando o papel do homem e da mulher estão bem definidos dentro do lar. No Jardim do Éden, as regras eram simples e claras. Após criar o primeiro casal, Deus ordenou que fossem férteis e se multiplicassem. Suas palavras não foram dirigidas a Adão ou Eva individualmente, mas aos dois como uma unidade. Isso nos mostra que quando homem e mulher percebem que seus papéis se complementam, estabelecem um modelo de reciprocidade e respeito que beneficia a relação, assim como o desenvolvimento de suas crianças.

A mulher, por exemplo, além de fornecer apoio, é quem estabelece ordem e beleza em um lar (cf. Provérbios 31.10-29). Ela tende a se dedicar ao cuidado e à formação dos filhos, pois com sua predisposição natural para o diálogo é capaz de manter uma comunicação mais aberta e frequente. Em contrapartida, seu marido, além de desempenhar o papel de provedor e protetor (cf. Efésios 5.28-30; 1Timóteo 5.8), é responsável por impor limites, o que também é necessário para a educação dos filhos. Ele provê a estrutura, enquanto sua esposa cuida dos detalhes.

Esse é o modelo bíblico e o referencial que devemos seguir, mas sabemos que cada família tem a sua realidade e, muitas vezes, uma das partes acaba tendo de cumprir o papel da outra, talvez por certa fase ou por tempo indeterminado. Isso não significa também que o homem não possa cozinhar para a família ou ajudar em afazeres domésticos, por exemplo. Igualmente, talvez a mãe necessite contribuir com o sustento do lar, como é o contexto de muitas famílias hoje – há casos em que a mãe configura a única fonte de renda da casa. No entanto, nenhuma circunstância deve alterar o papel de liderança espiritual atribuído por Deus ao homem, que responde como o cabeça e sacerdote da família. Assim como a mulher não deve abdicar de seu papel como ajudadora, suporte, o "corpo" que está conectado à "cabeça".

Essa consciência a respeito da natureza que o próprio Deus insculpiu no homem e na mulher é o que fará a diferença no dia a dia. Desde cedo, muito do que nossos pequeninos absorvem sobre seu papel no mundo não vem de explicações, mas da observação ao longo da convivência diária com os pais. Somos também referências para a edificação de futuras famílias. Nossos filhos nos veem como espelhos na escolha de seus cônjuges e buscam em nosso cotidiano doméstico as bases para a construção de seus próprios lares.

É na dinâmica de casa que as crianças compreendem as verdades expressas por Paulo em Efésios 5. Desse modo, o ideal é que o amor do homem pela esposa reflita o de Cristo pela Igreja, e ao testemunhar a conduta desse pai, os filhos assimilem mais profundamente o amor de Jesus. E mais, uma figura paterna atenciosa e diligente desfaz qualquer imagem de um Deus distante ou omisso, assim como o inverso pode cultivar a percepção contrária.

Toda criança necessita de um ambiente que ofereça segurança e estabilidade para crescer de maneira saudável, tanto física quanto emocionalmente; um espaço em que se sinta valorizada, protegida e aprenda sobre limites e responsabilidades. Embora o casamento não seja uma garantia de tal cenário, é inegável que constitui a estrutura mais eficiente para alcançar esse propósito. A aliança matrimonial é uma bela expressão do plano de Deus para nós e uma vocação que reflete Sua essência. Marido e mulher se tornam uma só carne e plantam a semente de gerações. Mesmo sem a garantia de que seus olhos testemunhem o legado completo de sua linhagem, uma certeza nunca lhes será roubada: as histórias de sua posteridade possuem um começo porque um dia Deus uniu os dois em amor.

Pastor Edésio e Pastora Ruth

3

“É justo que
muito custe o que
muito vale.”

Santa Teresa D’Ávila

Educar para a vida

É um privilégio poder olhar para trás e reconhecer a dedicação dos meus pais ao educar a mim e minhas irmãs. Com o tempo, pude perceber que tinham bastante clareza sobre a importância de nos ensinar a respeito do que é certo e errado, além de nos preparar para o futuro. Sei que ambos também aprenderam muito no decorrer dos anos, mas desde quando éramos bem pequenos o grande zelo deles em obedecer à Palavra já era nítido. Eles nos instruíam do momento em que acordávamos até a hora de nos deitarmos.

Minha mãe, por exemplo, que é uma forte defensora do bom uso da Língua Portuguesa, inseriu uma regra simples e clara em casa: "Sempre fale corretamente". Isso, porque, como ela costumava dizer, não existe um "botão de ligar e desligar" o bom português; deveríamos usar a gramática correta em qualquer lugar. Essa é uma das lições que, embora não parecessem gerar grande impacto na época, foram fundamentais em meu crescimento e moldaram quem sou.

Acredito que o propósito da educação seja justamente lapidar o ser humano, e a História comprova isso. Na Grécia Antiga, o intuito do processo educacional não era desenvolver apenas o intelecto dos cidadãos, mas também seu corpo e caráter. Por meio do ensino de disciplinas como filosofia, matemática, música e ginástica, buscava-se o ideal de excelência humana. Já na Idade Média, com a fundação das primeiras universidades, como Bolonha, Oxford e Paris, houve uma mudança no cenário educacional. Essas instituições se tornaram pilares do ensino superior com seu programa de ensino mais sistematizado, que incluía as artes liberais e especializações em campos como Teologia, Direito e Medicina.

Muitas águas correram até chegarmos à sociedade contemporânea, e a educação sempre se mostrou mais do que um mecanismo de aprendizado; ela é essencial para a formação do ser humano. Por isso, vejo verdade nas palavras de Platão: "A educação deve possibilitar ao corpo e à alma toda a perfeição e beleza que podem ter"[1]. Para o filósofo, as pessoas eram compostas por corpo (parte material) e alma (imaterial e perpétua); portanto, considerando que é por meio do processo educacional que alguém se aproxima dos ideais eternos e universais, ele deveria abranger as duas dimensões do homem.

Educar quer dizer "trazer à luz a ideia"[2]; significa incentivar o indivíduo a explorar e compreender o que existe no mundo, bem como ajudá-lo a coexistir em sociedade. Na Bíblia, o aprendizado é tido como fator essencial para uma vida plena. Em Provérbios está escrito que "o entendimento, para aqueles que o possuem, é uma fonte de vida [...]" (16.22 – ARC); ou seja, assim como a água é vital para o corpo, a sabedoria é crucial para o desenvolvimento humano e uma vida saudável em todos os âmbitos.

Outra passagem que me chama atenção em Provérbios é: "Apegue-se à instrução, não a abandone; guardea bem, pois ela é a sua vida" (4.13). "Apegar-se" à instrução sugere um contato contínuo e próximo. Não basta reconhecê-la ou apreciá-la à distância, é necessário torná-la

1 **O que é educação? Descubra o conceito moderno e o da filosofia clássica**. Disponível em: https://www.brasilparalelo.com.br/artigos/o-que-e-educacao. Acesso em: mar. 2024.

2 MARTINS, Evandro Silva. A etimologia de alguns vocábulos referentes à educação. **Olhares & Trilhas**, ano VI, n. 6, p. 31-36, 2005.

parte de nossa vida. "Guardá-la bem" sublinha a importância de proteger e conservar o que aprendemos. Como um tesouro valioso, ela deve ser mantida em segurança, imune à corrupção e à diluição. E, por último, a ideia de que a instrução "é a sua vida" nos remete ao quanto, em meio às complicações do cotidiano, ela nos orienta e nos preserva.

No Novo Testamento, o apreço pelo ensino seguiu em voga, e até foi uma das características marcantes do ministério de Jesus. Por meio de parábolas, Ele conseguia explicar verdades complexas a respeito do Reino de Deus. As narrações sobre perdão, justiça, persistência, generosidade, entre outros temas, tornavam o divino acessível às pessoas. Cristo sabia que, ao contar essas histórias, plantava sementes de transformação na vida daqueles que O ouviam. Ele explorou as sutilezas da condição humana por meio da parábola do Bom Samaritano (cf. Lucas 10.25-37), por exemplo, que ilustrou a compaixão pelo próximo. Já a do Filho Pródigo (cf. Lucas 15.11-32) tratava sobre a redenção e a alegria do retorno à casa do Pai.

Não só isso, mas a Bíblia também deixa claro como Jesus Se importava com a instrução de Seus discípulos; Ele não Se restringiu a discursos para grandes multidões, mas Se dedicou à capacitação de Seus seguidores mais próximos. Afinal, eles seriam os responsáveis por propagar a mensagem do Evangelho após Sua ascensão. Seu jeito de ensinar envolvia conversas, correções e principalmente Sua conduta pessoal. Cristo praticava o que pregava, e assim conseguia demonstrar na prática a obediência aos princípios do Reino de Deus.

Hoje em dia, percebo uma confusão generalizada a respeito do significado de educar alguém. Grande parte dos pais parece acreditar que essa tarefa pertence exclusivamente à escola e chega até a celebrar quando consegue uma vaga em tempo integral para suas crianças e adolescentes. Essa situação é compreensível até certo ponto, em especial quando consideramos o cenário econômico de muitas famílias – as despesas domésticas e a exigência de manter um equilíbrio financeiro podem obrigar os pais a se dividir entre o trabalho e a criação dos filhos. Porém, na maioria das vezes, essa escolha de delegar a educação a terceiros é consciente e intencional, impulsionada mais pelo desejo de ter tempo para outros afazeres pessoais do que por uma real necessidade.

Quando as figuras paterna e materna se abstêm de exercer sua influência, abrem espaço para que a de outros ocupem esse vão. Imagine o dano espiritual que os filhos podem sofrer por ficarem sob a tutela de professores que disseminam ideias antagônicas ao Evangelho. O ideal seria a escola complementar a educação recebida em casa, mas, infelizmente, essa não é a realidade. É comum que ela ocupe a posição central e ainda contradiga os princípios familiares. Em vez de gerarem um distanciamento, pais deveriam buscar uma convivência mais próxima com seus filhos para fortalecer o vínculo e até mesmo conhecê-los melhor — suas fraquezas, qualidades, limitações e sonhos.

O apoio, a disciplina e o incentivo que recebemos de nossos pais estimulam nossa segurança e autoestima. Ao longo dos anos, percebi que eles me delegavam certas tarefas para que eu desenvolvesse habilidades importantes para a vida e aprendesse a lidar com frustrações. Meu pai sempre me desafiava a pedir pizza em ocasiões em que a casa estava cheia. Como era criança, era complexo coordenar a situação, passar segurança para a atendente ao telefone, escolher corretamente a quantidade e os sabores das pizzas.

De vez em quando, ele também me encarregava das compras de supermercado, e então eu partia com a missão de lembrar tudo o que deveria trazer. Diferentemente de hoje, que dispomos do celular para enviar uma mensagem se esquecermos de alguma coisa, não tinha essa opção na época. Quando ia ao açougue, o desafio era ainda maior, pois precisava memorizar os nomes dos cortes de carne, além de tomar decisões rápidas e fazer trocas inteligentes caso faltasse algum item. Se meu pai solicitasse quinhentos gramas de chã de dentro e, ao chegar lá, encontrasse apenas patinho, teria de verificar se valeria a pena comprá-lo. Algumas vezes, o açougueiro me perguntava: "É para amaciar a carne?". Sem certeza, concordava, esperando para ver o que aconteceria.

Aos poucos, aprendia a honrar responsabilidades e lidar com imprevistos, ciente de que certas escolhas impactariam a minha família. Também fui instruído sobre a importância de ser persistente e de manter a esperança, mesmo quando as coisas não iam bem. Aliás, cresci em um ambiente marcado por muita luta, onde entendi que para conquistar algo precisamos perseverar bastante.

Observava o esforço dos membros da minha família, como meus tios, que tinham de acordar às cinco da manhã para pegar o ônibus e ir trabalhar; relatos de exemplos da adolescência de meu pai, que passava horas em pé vendendo coxinha, e de minha mãe, que trabalhava em um supermercado. Naquela época, produtos como arroz, feijão, fubá, açúcar e milho eram vendidos a granel. As pessoas faziam o pedido por peso, então ela passava o dia inteiro apanhando pesados sacos e pesava a quantidade de acordo com o solicitado por cada cliente. Com seus 14 anos de idade apenas, era comum receber pedidos grandes, o que tornava sua função fisicamente cansativa e até dolorosa.

Muitos podem pensar que as crianças não assimilam como é a vida dos adultos e, de fato, não entendem tudo, mas conseguem perceber muito mais do que as pessoas imaginam. Posso dizer que, desde pequeno, já tinha consciência do valor e dos custos das coisas. Ao perceber como meus pais e familiares batalhavam, compreendi que o sofrimento não é o fim, pois eles demonstravam como era possível seguir em frente, apesar das adversidades. Meu pai, em especial, fazia questão de conversar conosco sobre nossas condições financeiras, o que me ajudou a entender e aceitar nossas limitações, sem deixar que elas interferissem em minha busca por cumprir o propósito do Senhor.

Em uma época marcada por redes sociais e comparação excessiva, é importante que os filhos se sintam seguros em serem quem Deus os criou para ser e não sucumbirem à pressão de se conformar com padrões ilusórios ou de imitar terceiros. A individualidade precisa ser valorizada acima da aprovação social ou da adesão a modelos impostos pela mídia. Diferenças são inevitáveis, seja na escola, seja em qualquer outro contexto. Porém, a falta de orientação dos pais acerca do assunto pode resultar na formação de adultos incapazes de lidar com dessemelhanças.

Em casa, meu pai e minha mãe nos ensinavam que ser diferente é algo bom, pois cada um de nós recebe habilidades e dons específicos do Senhor. A Ellen, por exemplo, era muito elogiada por sua caligrafia, mas esse fato não os levava a menosprezar a forma como eu escrevia. Enquanto isso, eu me destacava em outros aspectos, como minha aptidão para falar em público. Foi assim que aprendemos a apreciar nossas diferenças e reconhecê-las como manifestações da criatividade e soberania do Criador. Em vez de enxergá-las como motivos para competição, entendemos que elas nos tornavam únicos e nos capacitavam a contribuir de maneira especial para a nossa comunidade e mundo.

Hoje, já casado e pai, percebo com clareza a influência que meus pais tiveram em minha trajetória e sou grato a Deus por todas as lições que os dois me ensinaram. É como o conselho de Provérbios 1.8-9: "Ouça, meu filho, a instrução do seu pai e não abandone o ensino da sua mãe. Eles serão um belo diadema sobre a sua cabeça e um colar para adornar o seu pescoço". Sem dúvida, a educação transcende os limites físicos de escolas e as páginas de livros. Suas raízes se firmam no solo fértil da família, em que a mãe e o pai, ao compartilharem experiências, princípios e ensinamentos, preparam seus filhos para encarar o mundo, além de conduzi-los na formação de um caráter íntegro, segundo o coração do Senhor.

Nikolas Ferreira

Criar filhos é uma responsabilidade que se alicerça na dependência de Deus e exige paciência, firmeza e compromisso. Não estamos lidando com uma ciência exata em que fórmulas matemáticas ou leis físicas oferecem soluções, nem uma função delineada passo a passo em um manual de instruções. À medida que educamos nossos filhos para a vida, descobrimos que o segredo para sermos bons pais está na interação diária, por meio da qual conduzimo-nos por um caminho de propósito e santidade.

Para nós, tudo começa com a consagração – o ato de dedicar os filhos a Deus, de distingui-los do mundo e reconhecer que são bênçãos do Senhor e pertencem a Ele antes de qualquer outra coisa. Essa prática é bíblica, e um exemplo é a história de Ana, que, após ter tido sua oração atendida, dedicou Samuel ao serviço do templo de Siló (cf. 1Samuel 1.27-28); é curioso como algumas versões empregam o verbo "devolver", sugerindo que ela o devolveu ao Senhor. Embora Samuel fosse um presente do Céu para Ana, não era propriedade dela, e sim do Altíssimo.

Todas as nossas posses – materiais ou espirituais – são, no fundo, um empréstimo divino, uma bênção que nos é dada para desfrutarmos e gerirmos conforme a vontade de Deus. Não somos proprietários de nada, somente mordomos responsáveis por cuidar e utilizar bem o que nos foi entregue. Tudo procede de Deus e a Ele retorna (cf. 1Crônicas 29.14), e a consagração é um ato pelo qual reconhecemos essa verdade e separamos exclusivamente para o Senhor algo que já Lhe pertencia. Observamos isso em Levítico, quando Moisés unge os móveis e utensílios do tabernáculo:

> Depois, Moisés pegou o óleo da unção, ungiu o tabernáculo e tudo o que havia nele e, assim, os consagrou. Aspergiu sete vezes um pouco do óleo sobre o altar, ungindo o altar e todos os seus utensílios, bem como a bacia com o seu suporte, para consagrá-los (Levítico 8.10-11).

O objetivo dessa cerimônia era comunicar uma mensagem ao povo de Israel: os objetos não deveriam, em hipótese alguma, ser usados para outros fins. Essa distinção traçava uma linha entre o que era separado para determinada finalidade e o que não era. Desde a

concepção da Arca da Aliança, da mesa para os pães da proposição, do candelabro de ouro, do altar de incenso, entre outros, Deus deixou clara a necessidade de seguir especificações precisas, para que cada peça refletisse Sua exclusividade (cf. Êxodo 25-31).

Todos os dias são **concebidas** milhares de crianças, que podem parecer similares à primeira vista, pois apresentam padrões físicos comuns, como a configuração do rosto, com uma boca, um nariz, dois olhos e duas orelhas. No entanto, cada uma nasce com sua própria essência e um potencial para ser desenvolvido. Cabe aos pais preservarem essa individualidade – tecida pelo Criador desde o momento em que a criança está no ventre da mãe (cf. Salmos 139.13-14) – e encarar o desafio de fazer o mundo testificar que ela é separada para o Senhor.

Não demora até perceberem que seu papel é duplo: primeiro, exemplificam uma intimidade com Deus, para a criança observar e entender o que significa ter o Espírito Santo em sua vida; segundo, criam um ambiente que encoraje o seu crescimento espiritual, para ela ter a chance de descobrir e explorar sua fé até o momento em que será responsável pela tomada de decisões. Esse estágio importante marca a transição da dependência para a autonomia, quando os jovens começam a trilhar seus próprios caminhos e a fazer escolhas que definirão o rumo de sua vida.

Empenhamo-nos em preparar Ellen e Nikolas para isso e, hoje, fazemos o mesmo com nossa caçula, Lavigne. Na área emocional, aconselhamos a escolha de alguém que compartilhasse da mesma fé, pois enxergamos o namoro como um passo inicial para a possível construção de um casamento. A seleção de amizades também foi uma prioridade. Fizemos questão de estar presentes e ajudá-los a avaliar o que cada amigo ou amiga acrescentava a sua vida. Ensinamos os três a observar se influenciavam ou eram influenciados e a discernir se estavam fazendo a diferença em seus círculos ou seguindo tendências, pois quando alguém é consagrado a Deus, sua conduta precisa espelhar sua devoção em todas as suas ações e pensamentos.

Ruth foi fundamental no processo de consagração dos nossos filhos; e isso foi possível graças à sua decisão de pausar a carreira profissional para dedicar-se à criação deles. Sabemos que essa não é a única forma de proceder e compreendemos as diferentes dinâmicas familiares, mas, para nós, foi uma escolha baseada no que consideramos ser um privilégio: o de educar uma vida confiada a nós pelo Senhor. Acreditamos ser crucial nunca transferir esse dever a terceiros; reconhecemos o valor das instituições educacionais, porém a responsabilidade primária repousa sobre nós. Ruth não estava somente dedicando-se a tarefas diárias de cuidado e instrução. Ela estava, na verdade, participando da construção do caráter, da formação espiritual e do desenvolvimento das habilidades de Ellen, Nikolas e Lavigne.

Pastor Edésio

Hoje, observamos algumas pessoas expressarem o desejo de ter filhos por razões que consideramos equivocadas, como se fossem troféus para serem exibidos em uma estante ou um marco a ser alcançado, semelhante à aquisição de um carro ou uma casa. Por isso mesmo, quando o casal consegue conceber, a perspectiva de "um só está bom, meu desejo foi realizado" mostra que não entenderam bem o que significa ser pai ou mãe. Ter um filho não é um "trabalho" no sentido convencional da coisa, e sim uma vocação divina. Quando paramos para pensar no efeito que teremos na vida de uma criança – quem ela se tornará, suas decisões e experiências – percebemos o tamanho da nossa influência. Tudo o que compartilhamos ou fazemos molda sua existência de alguma forma.

De modo análogo, a criação de um filho assemelha-se à pintura de um quadro. Os pais, como artistas, estão equipados com uma paleta de cores que simbolizam diferentes princípios e lições. Cada pincelada denota um momento de aprendizagem; alguns são intencionais e planejados, enquanto outros são espontâneos. Todas as interações diárias – seja uma conversa sobre o que é certo e errado, seja um incentivo ou até uma bronca – contribuem com novas camadas de tons e texturas à "imagem" que, com o passar do tempo, adquire vida e continua a colorir-se por conta própria.

Pastora Ruth

Uma vez que o contorno de sua personalidade já vem esboçado pelas mãos do Senhor, temos a honra de pegar os pincéis e adicionar cor à vida de nossos filhos. A Palavra nos ensina que eles são uma herança de Deus (cf. Salmos 127.3), e à medida que observamos suas reações e comportamentos, aprendemos mais sobre quem são. Esse entendimento é que nos ajuda a instruí-los adequadamente, pois conseguimos ajustar nossas palavras e correções de modo que sejam compreensíveis, sem desrespeitar o desenho divino original.

Do Antigo ao Novo Testamento, há uma variedade de versículos que abordam a educação em diferentes etapas do desenvolvimento humano. Um, em particular, sobressai-se por sua concisão e seriedade; ele sublinha a importância de uma disciplina precoce na vida e afirma que quem não corrige seu filho o odeia. Sim, o mesmo verbo odiar de "ter uma forte aversão por alguém, ou por algo; abominar, detestar; ter raiva"[3]:

> O que retém a vara odeia o seu filho; quem o ama, este o disciplina desde cedo (Provérbios 13.24 – NAA).

Nossas crianças já nascem contaminadas pelo pecado, uma condição que as predispõe a cometer erros. Apesar de sua tendência à insensatez (cf. Provérbios 22.15), elas também revelam perspicácia e astúcia desde bem novinhas, mesmo sem um desenvolvimento

[3] MICHAELIS Dicionário Brasileiro da Língua Portuguesa, Editora Melhoramentos. Disponível em: <https://michaelis.uol.com.br/moderno-portugues/busca/portugues-brasileiro/odiar/>. Acesso em: 8 maio 2024.

cognitivo ou moral completo. Todas essas características impõem aos pais o desafio de administrar as tendências naturais de seus filhos de uma forma ética e construtiva, buscando maximizar suas qualidades e minimizar suas falhas.

Imaginemos uma situação comum em locais públicos, como um shopping center. A criança faz birra e joga-se no chão, cena que gera desconforto aos pais e a quem está por perto. Essa conduta é mais do que um descontentamento momentâneo; por trás de uma birra ou desobediência existe uma falta de correção e limites por parte do pai e da mãe. Corrigir um comportamento significa instruir de um jeito que a criança entenda os efeitos de suas ações, e é necessário não haver incoerência na aplicação de regras ou na forma como consequências são geridas. Tudo precisa ser regido pela consistência e acompanhado de algo essencial para que a correção seja edificante: o amor. Quando está presente na disciplina, ele a transforma em uma ferramenta de amadurecimento, em vez de uma fonte de mágoa ou vergonha.

A correção, porém, é só parte de um processo mais amplo que compreende também a instrução: "Instrua a criança no caminho em que deve andar [...]" (Provérbios 22.6). O verbo "instruir" convida-nos a pensar em uma prática atenciosa, equivalente a semear em um solo fértil à espera de que as sementes plantadas brotem e floresçam ao seu tempo. A Bíblia está se referindo à transmissão de saberes e à formação integral do ser – seu caráter, moral e espiritualidade. O interessante é que "instruir" contém uma variedade de sinônimos, como doutrinar, instituir, iluminar, entre outros; no entanto, o que consideramos absoluto é "edificar". Salomão poderia ter escrito: "Edifica a criança [...]", isto é, construa a criança, alicerce sua vida, moralize seu coração, inspire bons ideais, corrija costumes e assim por diante.

Nada que consta na Palavra do Senhor é aleatório. Não é segredo nenhum que há um motivo para toda orientação sagrada. Ao lermos o versículo 6 de Provérbios 22, percebemos a existência de um caminho específico; portanto, nosso ensino deve ser intencional, alinhado com a Verdade e claro em seus objetivos. Consequentemente, acabamos por deparar com um ponto de extrema dificuldade: o desafio de corresponder à diretriz bíblica e determinar quais seriam tais objetivos. Essa é uma conversa necessária que volta e meia pai e mãe precisam ter, pois a tarefa de formar um indivíduo é complexa e exige bastante discernimento.

Em seu sentido mais amplo, a educação abrange o desenvolvimento emocional, moral, espiritual e intelectual das crianças em todas as suas fases de crescimento. É natural para os pais desejarem que elas se tornem pessoas educadas e honestas em vez de grosseiras ou imorais. Por isso, as ensinarão a não mentir, a respeitar os outros e, quando a fase escolar chegar, a não colar em provas, por exemplo. Na adolescência, pode-se abordar questões como a importância de resistir à pressão de colegas para participar de algo inapropriado. Então, à medida que começam a ingressar no mundo adulto e a lidar com situações mais sérias, precisam ser orientados a respeito da integridade no ambiente de trabalho e da construção de um casamento. Nesse processo, os pais necessitam tomar cuidado para jamais perderem de vista o plano do Senhor para seus filhos.

Quando eram mais novos, Ellen e Nikolas amavam ouvir sobre minha rotina. Eu viajava bastante para visitar diferentes locais e discursava em convenções para muitos profissionais da área em que atuava. Isso os deixava orgulhos de mim. Conforme Nikolas crescia, ele costumava dizer: "Pai, quero ser vendedor como o senhor". Embora eu nunca tenha sido um vendedor no sentido estrito da palavra, promovia a imagem e seriedade da firma nos tratos comerciais. Era isso que "vendia": a relação entre o cliente e a empresa.

Estar envolvido nesse meio e ser conhecido Brasil afora, devido às minhas viagens, naturalmente fazia-me ansiar por certos objetivos. Queria que meus filhos tivessem a mesma vida, em especial o Nikolas, que já demonstrava interesse por minha área de atuação. Planejava enviá-lo para uma escola de gestão, em que pudesse aprender sobre liderança, gerenciamento e a lidar com equipe. A ideia de vê-lo como um executivo tornava-se cada vez mais forte em minha mente, e sempre que podia, ao fazer contatos comerciais, perguntava se meu filho poderia estagiar no local futuramente.

Porém, certo dia, Ruth e eu refletíamos sobre o fato de que nossos filhos haviam sido consagrados ao Senhor, e Ele teria a palavra final sobre o destino deles. Então, passei a adotar uma abordagem diferente: em vez de impor minha vontade, comecei a buscar o que Deus desejava para sua vida. Essa decisão pode parecer um pouco vaga, mas representou para mim um compromisso de não direcionar seus caminhos com base em minhas expectativas ou anseios pessoais. Decidimos confiar que a orientação adequada viria por meio da fé e dos princípios que procuramos ensinar a eles desde cedo.

Pastor Edésio

Antes de tudo, educar é um processo complexo e espiritual em que nós, pais, ajudamos nossos filhos a discernirem a vontade do Senhor para sua vida. Somos responsáveis por conduzi-los em direção a algo muito mais valioso do que qualquer sucesso terreno: a vida eterna. Esta é uma missão sagrada que todos os dias confirma e ressignifica nossa fé, além de aproximar-nos do Senhor. Ele é o nosso Pai Celestial, que está sempre pronto a auxiliar-nos em cada passo, para que consigamos enxergar a paternidade e a maternidade como o privilégio e a honra que realmente são.

Pastor Edésio e Pastora Ruth

4

“Filhos não são uma distração que nos impedem de fazer um trabalho importante. Eles são o trabalho importante.”

Dr. John Trainer

Infância: os primeiros passos

Em minha infância, a igreja foi como uma segunda casa. Participar da escola bíblica dominical (EBD), dos acampamentos, cultos e tudo mais me fez sentir parte de algo maior. Tudo isso alimentou meu espírito e me mostrou quão necessário é se vincular a uma comunidade que compartilha a mesma fé. Hoje, percebo que não foram sucessos tradicionais, como tirar notas altas ou ser o melhor da classe, que definiram quem sou; sem dúvida, foi minha intimidade com Jesus e as experiências que vivi em minhas duas casas, a física e a espiritual, onde aprendi a temer o Senhor e a olhar para as pessoas com amor e esperança.

Por natureza, temos a necessidade de pertencimento. Crianças que sentem falta de conexão ou afinidade dentro de seus próprios lares tendem a preencher essa lacuna em outras fontes. Elementos da cultura popular – desenhos animados, músicas, videogames, livros, influenciadores digitais e afins – ou até mesmo uma turma de amigos que compartilham interesses semelhantes ganham uma atenção excessiva. Embora não haja nada de errado nessas atividades, se praticadas na medida certa, elas não deveriam ser mais importantes que a família.

Existem ações simples que podem transformar o cenário do lar. Uma delas é a introdução de práticas espirituais, como a oração, no cotidiano dos filhos. Lembro-me de uma vez em que meu pai me convidou para orar pela escola em que eu estudaria. Ele sentou comigo, explicou o que havia de interessante nas opções e propôs buscarmos uma confirmação. De repente, lá estava eu em meu quarto, perguntando para o Senhor qual era Sua vontade. É claro que a decisão final não seria minha, mesmo assim essa situação me proporcionou a oportunidade de ter momentos com Deus e me sentir envolvido no processo.

Muitas vezes, as crianças são deixadas à margem de decisões. Os adultos escolhem os materiais escolares ou as roupas que elas usarão sem nem as consultar. Esquecem que, apesar de elas ainda serem dependentes, são capazes de participar de certas escolhas. Nossos filhos são confiados a nós pelo Pai Celestial para que os ensinemos a se tornarem adultos responsáveis em tudo. A intenção do Senhor não é que vivam sob nossas sombras ou sejam simplesmente réplicas nossas, mas imitem a Cristo, conforme nós também fazemos.

Por essa razão, acredito que nosso lar é o ponto de partida para tudo: o primeiro palco para dar vazão à expressão criativa, a primeira sala de aula e por aí vai. Mais do que um endereço no mapa, ele representa um universo de possibilidades e instrução. Dentro dele, é estabelecida a base que sustentará o desenvolvimento da criança nos anos iniciais da vida. Assim, quando chegar o momento, ela poderá explorar o mundo lá fora com a segurança de saber que têm um refúgio emocional e espiritual.

Há uma frase de Billy Graham[1] que considero bastante precisa: "As crianças precisam é da orientação de seus pais, e nós as guiamos

[1] Billy Graham foi um dos evangelistas mais influentes do século 20. Conhecido por suas cruzadas, ele pregou pessoalmente a quase 215 milhões de pessoas em mais de 185 países. Seus sermões, transmitidos pela rádio e televisão, alcançaram uma audiência global ainda maior. Graham também atuou como conselheiro espiritual de vários presidentes dos Estados Unidos. Sua abordagem ecumênica e apolítica ao evangelismo contribuiu para sua ampla aceitação e respeito em diversas denominações cristãs. Além de suas cruzadas, Graham escreveu mais de 30 livros, muitos dos quais se tornaram best-sellers, abordando temas de fé, moralidade e a vida cristã.

mais pelo exemplo que damos do que de qualquer outra forma. Precisamos ser firmes, sensatos, justos e consistentes – e, acima de tudo, disciplinar com um espírito de amor"[2]. Os pais, e hoje me incluo nessa categoria, devem ser bons exemplos de gentileza, esforço, honestidade, resiliência, etc. Digo isso, pois sei que a Aurora, minha filha, observará a maneira como Lívia e eu enxergamos o mundo e nos portamos nele. Apesar de ser desafiadora, a liderança parental é uma das contribuições mais importantes para a formação de uma sociedade melhor, ela combina uma mistura peculiar de firmeza e ternura.

Se existe uma coisa que as figuras materna e paterna precisam se atentar, especialmente na infância de seus filhos, é a coerência entre suas palavras e ações. Exigir determinados comportamentos ou atitudes das crianças sem exemplificar essas condutas é contraditório e serve apenas para as confundir e desorientar. A integridade deve estar presente em todo o processo educacional, pois quando a ação condiz com as palavras, cria-se um alicerce sólido para o crescimento de indivíduos éticos, responsáveis e conscientes de quem são. Não estou dizendo nada novo, está escrito: "O justo anda na sua integridade; felizes lhe são os filhos depois dele" (Provérbios 20.7 – ARA).

Foi com meu pai e minha mãe que desenvolvi um senso de justiça desde pequeno, pois dentro ou fora de casa, nunca hesitavam em intervir para expor a verdade, ainda mais se presenciavam discriminações. Não conseguiam ficar indiferentes diante de uma pessoa sendo maltratada, e graças à postura dos dois, passei a me posicionar contra situações desse tipo. A injustiça sempre foi algo inconcebível para minha família. Se víssemos algo dessa natureza acontecer, procurávamos intervir.

Outra lição que aprendi, principalmente com minha mãe, foi a perdoar. Ela sempre procurou fazer o que era melhor em qualquer

[2] Billy Graham Library. **10 Quotes from Billy Graham on Parenting.** Acesso em: 10 abr. 2024. Disponível em: https://billygrahamlibrary.org/blog-10-quotes-from-billy-graham-on-parenting/.

ocasião, sem se esquivar de confrontar ou corrigir se necessário. Uma palavra que a define bem é "prudência", pois sabia não só **quando**, mas também **como** agir. Ela explicava que ser forte também consistia em saber a hora de ser flexível e receptivo às emoções dos outros em vez de demonstrar rigidez o tempo todo. Podemos ser firmes em nossas convicções e, ao mesmo tempo, vulneráveis a ponto de admitir erros.

Quando meus pais reconheciam seus pecados, sua atitude revelava que eles, assim como eu, eram falíveis e necessitavam da mesma graça divina de que careço. O perdão que recebiam, eu também podia receber, e melhor: o acesso à presença de Deus da qual desfrutavam estava igualmente disponível a mim. Conforme fui crescendo, os dois se dedicavam a me instruir sobre questões como o poder e a justiça divina, além de cultivar em meu coração o temor ao Senhor. Não tinham o objetivo de provocar medo, mas facilitar meu entendimento a respeito da soberania do Altíssimo.

Às vezes, o conceito de temor parece ser uma incógnita para a Igreja, porém é algo que nasce do respeito à grandiosidade de Deus em contraste com nossa própria limitação e fragilidade. John Bevere, que é um renomado autor e pastor, traz uma perspectiva interessante a esse respeito:

> O santo temor é a chave para o firme fundamento de Deus, desvendando os tesouros da salvação, sabedoria e conhecimento. Juntamente com o amor do Senhor, ele compõe o próprio fundamento da vida! [...] Não podemos verdadeiramente amar a Deus até que o temamos nem podemos temê-lo adequadamente até que o amemos[3].

[3] BEVERE, John. **O temor do Senhor**: descubra a chave para conhecer Deus na intimidade. 1ª ed. Rio de Janeiro: Luz às Nações, 2009, p. 15.

Segundo Bevere, existe um ciclo no qual o amor e o temor estão interligados: um alimenta o outro. Agora, talvez você esteja se perguntando como ensinar algo assim a uma criança. Em resposta a isso, aconselho que a instrua a se relacionar pessoalmente com o Senhor e buscar conhecê-lO. Caso contrário, ela pode pensar que Sua misericórdia nunca a alcançará e O imaginar apenas como um Ser severo, cujo juízo tem uma conotação negativa. É necessário também ensinar que Ele é bondoso (cf. Salmos 100.5), fiel (cf. 1Coríntios 1.9) e imutável (cf. Hebreus 13.8). Essas verdades oferecem aos pequenos a certeza de que o mesmo Deus que acalmou a tempestade para os discípulos (cf. Marcos 4.35-41) e providenciou o maná do céu para alimentar o povo no deserto (cf. Êxodo 16.15) está presente em sua própria vida e cuidará dela.

De fato, a infância é a fase em que as primeiras percepções sobre a vida e o mundo são formadas. A capacidade infantil de absorver e reter informações, aliada à sua predisposição para confiar em figuras de autoridade, como os pais, faz desse período o momento ideal para incutir ensinamentos. Não é segredo nenhum que as figuras paterna e materna são seus principais exemplos de amor, disciplina, integridade e fé. Ainda bem que há uma promessa do Senhor em Isaías para todos os pais, sejam experientes ou iniciantes como Lívia e eu, para jamais nos esquecermos de que Ele compartilha o fardo dessa responsabilidade:

> "Todos os seus filhos serão ensinados pelo SENHOR, e grande será a paz das suas crianças" (Isaías 54.13).

Nikolas Ferreira

Presenciar o crescimento de uma criança, desde seus primeiros passos até as vésperas da adolescência, é uma montanha-russa de emoções.

Cada fase contribui para seu desenvolvimento físico, emocional, cognitivo, espiritual e coletivo. A primeira infância, que corresponde à faixa etária de 0 a 6 anos, é quando ocorre a formação de estruturas e circuitos cerebrais, bem como a aquisição de capacidades fundamentais que permitirão o aprimoramento de habilidades mais complexas no futuro.

É um período decisivo na construção do ser humano, em que as experiências vividas impactam diretamente em seu potencial ao longo da vida. O aprendizado se dá de forma rápida – a criança absorve todo o tipo de informação, emoção e situações às quais é exposta. Porém, ela não compreende 100% todas as lições, o que demanda dos pais paciência, perseverança e muito amor, pois ela aprende por meio da repetição.

Nessa etapa inicial da vida, podemos comparar a contribuição paterna e materna à tarefa de profissionais da construção. Assim como arquitetos e engenheiros civis planejam os detalhes de uma obra – escolhem um terreno, materiais de qualidade e supervisionam tudo –, pai e mãe selecionam as experiências educacionais que julgam mais adequadas, providenciam os recursos necessários e acompanham de perto o progresso dos seus filhos no âmbito psíquico, moral e ético.

Ao nascer, nossos bebês já são dotados de uma estrutura corpórea, que lhes permite realizar funções básicas de sobrevivência, como respirar e se alimentar. No entanto, essa configuração inicial é insuficiente para que possam interagir com o mundo. Em tal cenário, a mãe é a primeira figura que o bebê reconhece e com quem estabelece um vínculo primordial para seu desenvolvimento cognitivo e emocional. Como fonte primária de cuidado, segurança e amor, ela o ajudará a construir autoconfiança e autoestima e o ensinará a amar e ser amado.

O pai, além de dividir com a mãe o papel de educador, provê e transmite segurança física e afetiva. Ele deve ser uma boa referência para a criança, ou seja, alguém em quem ela possa se espelhar. Essa inter-relação da tríade mãe-pai-filho incide em processos mais profundos da mente, da ordem do inconsciente. Há até uma questão importante a ser mencionada: o contraste entre "papel" e o que chamamos de "função". Embora estejam relacionados, o primeiro se difere do segundo, o qual tem implicações na relação que a criança estabelecerá com a realidade e orienta o seu modo de estar no mundo.

As funções paterna e materna são tão importantes que estão intimamente ligadas à sexualidade da criança. Referimo-nos a um processo inconsciente complexo, proposto por Freud[4] em "A Dissolução do Complexo de Édipo"[5], o que tentaremos expor de uma maneira simples. A mãe é o primeiro amor da criança, tanto do menino quanto da menina. A princípio, eles têm a ilusão de que podem tê-la somente para si, mas a figura do pai introjeta a lei e a ordem. Assim, ele consolida a noção de certo e errado, estabelece limites e comunica a impossibilidade de terem a mãe como desejam.

Sendo assim, o menino se identifica com o pai e o tem como modelo a fim de procurar futuramente outra mulher para si. A menina, do mesmo modo, buscará outro amor e, como ela se identifica com a mãe, volta o seu olhar para o pai, que também não pode ser seu, mas será o modelo masculino. Portanto, a figura paterna possibilita à criança tornar-se adulto na medida em que a ajuda a se desprender do apego e dependência da mãe e aponta-lhe o futuro, a exemplo do guerreiro que lança sua flecha.

À medida que crescem, o contato com a família, amigos e sociedade desempenha um encargo elementar em sua humanização

[4] Sigmund Freud foi o fundador da psicanálise, uma teoria de como a mente funciona e um método para ajudar pessoas no sofrimento mental. Ele passou a maior parte de sua vida em Viena, onde frequentou a universidade, casou-se, formou-se como cientista pesquisador e depois como médico e desenvolveu a psicanálise. Freud foi um dos pensadores mais influentes e controversos do século 20. Suas principais obras psicanalíticas incluem: *A interpretação dos sonhos* (1900), *A psicopatologia da vida cotidiana* (1901), *Três ensaios sobre a teoria da sexualidade* (1905), *Piadas e sua relação com o inconsciente* (1905), *Além do princípio do prazer* (1920) e *Civilização e seus descontentes* (1931).

[5] Obra publicada em 1924.

– ajuda-os a aprender regras, linguagem e a maneira adequada de se comportar. Esse conjunto de experiências sociais, e a educação dada pelos pais, molda suas personalidades e aptidão para adaptarem-se e responderem aos cenários à sua volta. É justamente isso que observou o psicólogo russo Lev Vygotsky[6] ao considerar que o desenvolvimento é um processo cultural que deriva das relações sociais. Angel Pino trouxe uma importante contribuição para tal argumentação dentro da perspectiva vygotskiniana:

> [...] o que é internalizado das relações sociais não são as relações materiais, mas a significação que elas têm para as pessoas. Significação que emerge na própria relação. Dizer que o que é internalizado é a significação dessas relações equivale a dizer que o que é internalizado é a significação que o outro da relação tem para o eu; o que, no movimento dialético da relação, dá ao eu as coordenadas para saber quem é ele, que posição social ocupa e o que se espera dele. Dito de outra forma, é pelo outro que o eu se constitui em um ser social com sua subjetividade[7].

Podemos deduzir, portanto, que o meio em que a criança vive é avaliado a partir de três influências: o nível de compreensão, a tomada de consciência e a apreensão daquilo que está acontecendo. Em outras palavras, seu impacto é medido pelo modo como ela interpreta o

6 Lev Vygotsky foi um psicólogo russo influente, nascido em 1896 e falecido em 1934. Ele é mais conhecido por sua teoria sociocultural do desenvolvimento cognitivo, a qual enfatiza o papel fundamental das interações sociais e da cultura na formação do pensamento e da aprendizagem humana. Vygotsky introduziu conceitos importantes como a "zona de desenvolvimento proximal", que descreve a diferença entre o que uma criança pode fazer sozinha e o que ela pode fazer com a ajuda de adultos ou pares mais capazes.

7 PINO, Angel. O social e o cultural na obra de Vygotsky. **Educação & Sociedade (Vygotsky – O manuscrito de 29 – Temas sobre a constituição cultural do homem)**. Campinas, Cedes, n. 71, p. 45-78, jul. 2000.

que acontece. Aos 4 anos, é possível observar um avanço importante no desenvolvimento cognitivo da criança quanto a memória, raciocínio, resolução de problemas e o aumento significativo da imaginação e criatividade. É a primeira "fase dos porquês" e da "teimosia". Ela já é capaz de argumentar e impor sua própria vontade.

Quando a Lavigne tinha cerca de 4 ou 5 anos, eu estava na sala assistindo a um filme, e ela começou a insistir em algo que não dava para ser feito naquele momento. Mesmo após explicar os motivos do meu "não", ela fez pirraça. Diante disso, dei uma chinelada nela, o que a fez chorar. Então, disse: "Olha, pode chorar, mas vá chorar no seu quarto, porque estou assistindo ao filme e você está atrapalhando. Chore lá, por favor". E ela foi.

Às vezes, não queremos que nossos filhos sofram, mas o sofrimento costuma ter uma função importante. Após um tempo, ela saiu do quarto, espiou e disse: "Mamãe, te amo". Respondi que também a amava, coloquei-a no colo e expliquei que a chinelada foi um ato de amor, uma ajuda para que ela aprendesse a fazer o que é correto. Lembrei a ela que um dia cresceria e se tornaria uma moça e seria feio se continuasse a comportar-se daquela maneira.

Se eu não a amasse, deixaria ela fazer o que quisesse, mas preocupei-me com o tipo de pessoa que ela se tornaria quando adulta. Não se esqueça de que a disciplina deve ser um ato de amor e precisa ser coerente. O diálogo é sempre o primeiro passo, seguido pela instrução e conversa. Geralmente, a chinelada é um último recurso, quando as palavras já não surtem efeito. É uma forma de mostrar que há consequências para a desobediência e mau comportamento.

Pastora Ruth

Outra situação em particular que acreditamos ser interessante mencionar é o egoísmo. Durante a primeira infância, a criança aprende a socializar e não é raro que, ao brincar com outras, seus pais incentivem-na ou até obriguem-na a compartilhar seus pertences. É engraçado observar que mesmo com trinta brinquedos à disposição, a criançada fixa-se em apenas um, que, curiosamente, é aquele que outro coleguinha escolheu pegar. Em situações assim, pais tentam intervir para moderar um comportamento que julgam parecer egoísta, mas que, na verdade, não é necessariamente mal-intencionado. É comum que elas queiram possuir as coisas exclusivamente para si.

Para mim, esse tipo de cenário coloca os adultos em uma saia justa. Imagine uma criança pequena divertindo-se com um brinquedo e, de repente, outra aparece querendo o mesmo objeto. Até cerca de 5 anos, os pequeninos não estão prontos para dividir. Estão na fase do "é meu", natural nesse estágio do desenvolvimento. Um equívoco dos responsáveis é esperar que ajam de uma maneira que ainda não conseguem agir, pois não têm a maturidade cognitiva para entender por que precisam conceder seu brinquedo a outra.

Ao obrigarem seus filhos a compartilharem, podem até parecer violentos, justamente porque os pequenos não encontram um sentido nisso. Em momentos assim, o adulto precisa considerar a condição infantil, não lidar com a situação como se estivesse diante de outro adulto. Algo que funciona, por exemplo, é distrair o pequeno com alguma coisa mais atrativa, desviando sua atenção do conflito.

Pastora Ruth

Precisamos de discernimento. Egoísmo é uma tendência de priorizar os próprios interesses em detrimento dos outros. Ou seja, uma criança egoísta continuará a exibir uma atitude egocêntrica mesmo após a primeira infância. Em qualquer caso, é necessário haver consistência no ensino. Se, ao crescer, ela for instruída a não brigar por um brinquedo e a dividir o que tem, mas observar que seus pais agem de forma diferente com suas próprias coisas, acabará confusa diante da contradição.

Buscamos adotar certas práticas para contrapor o individualismo natural dos nossos três filhos, pois nós, pais, somos os principais responsáveis por fomentar o altruísmo neles. Não é incomum crianças serem tratadas como o centro do Universo, mas a realidade é que, apesar de serem amadas, não são a razão de outro alguém existir. Pode ser que, por um período, exijam mais atenção devido às suas necessidades específicas; porém em algum momento devem compreender que o mundo não gira em torno delas.

Por longos anos, viajei a trabalho toda semana. Nas sextas-feiras, quando voltava para casa, sempre fazia questão de trazer algum mimo para as crianças. Acho que até chegaram a enjoar de tantas barras de chocolate e jujubas. Um belo dia, vi a Ellen – ela tinha por volta dos 5 ou 6 anos – quase entrando dentro de um pacotinho para apanhar uma queijadinha. O interessante é que todo o esforço dela se concentrava em apanhar a maior "bolinha" dentro do pacote. Ao ver aquela cena, chamei a sua atenção, e ela absorveu uma preciosa lição de resistência à ganância. Ruth e eu não nos lembrávamos deste exemplo, mas a própria Ellen, no auge dos seus 32 anos de idade, trouxe-o à tona recentemente.

Ainda nesse sentido, há outro ponto simples, porém basilar. Sou oriundo de uma família composta por 12 irmãos. Na casa dos meus saudosos pais, os mais velhos serviam-se primeiro e ocupavam os lugares prioritários à mesa nos momentos de refeição. "Ah, pastor, mas assim a criança mais nova se sentirá desprezada". Se ela se sentir desprezada por algo assim, é um indício de fragilidade emocional que precisa ser tratado, senão qualquer pequena decepção a fará chorar ou entrar em depressão. Os mais novos precisam entender que se sentarão caso houver lugar disponível, depois de os adultos se acomodarem. Isso pode parecer radical para algumas pessoas, mas acredito que quando agimos de maneira intencional, a criança percebe que o objetivo da nossa postura não é humilhá-la. Pelo contrário, há um fim didático e disciplinatório.

Pastor Edésio

Embora muitos possam associar a disciplina somente à correção, esse ponto de vista não capta a essência completa de seu propósito. Ela é uma expressão de amor e está ligada ao ensino, pois se a criança é corrigida sem entender o motivo, não há sentido. É necessário explicar o que ela fez de errado, as possíveis consequências de sua desobediência e mostrar qual seria o comportamento esperado. Se ela é devidamente ensinada e advertida, e ainda assim insiste no erro, precisa ser corrigida. Do contrário, começará a achar que seus atos não têm repercussões e poderá desenvolver um padrão de comportamento problemático. Os versículos 12-14 de Provérbios 23 são claros:

> Dedique à disciplina o seu coração; os seus ouvidos, às palavras que dão conhecimento. Não evite disciplinar a criança; se você a castigar com a vara, ela não morrerá. Castiguea, você mesmo, com a vara e, assim, a livrará da sepultura.

O processo de disciplina é crucial para a vida, pois a "vara" não é algo restrito à infância. No decorrer da vida, há diferentes formas de promover a responsabilidade. Um adolescente, por exemplo, pode ser proibido de sair com amigos. Para os adultos, as consequências são multas, penalidades legais, etc. Durante uma viagem aos Estados Unidos, vivenciei uma situação curiosa. Enquanto dirigia, ao me aproximar de uma esquina, reduzi a velocidade e passei pelo sinal de "STOP", como costumamos fazer no Brasil. Meu amigo, que estava no carro, entrou em pânico e perguntou: "Por que você fez isso?". Confuso, quis saber o que havia acontecido. Ele então explicou: "Você não parou no 'STOP'. Aqui você precisa parar. Se um policial nos visse, você poderia ser preso".

Esse exemplo ilustra o tipo de punição que um motorista pode sofrer: multas que impactam financeiramente, perda de pontos na carteira, a apreensão da carteira nacional de habilitação (CNH) em casos de reincidência e até prisão, no caso de países como os Estados Unidos. Acredito ser

> *simplista dizer que crianças não devem receber uma "varada" ou "chinelada" em hipótese alguma. Afinal, sabemos o valor da disciplina e é nosso dever aplicá-la. Sem aprender desde cedo as regras e as implicações de não as cumprir, irão deparar-se no futuro com punições muito mais severas e terão dificuldade de processá-las de forma sadia.*
>
> Pastor Edésio

Há uma grande controvérsia em torno do substantivo "vara". A coisa tornou-se polêmica a ponto de adquirir dimensões legislativas, como é o caso da Lei da Palmada, promulgada como a Lei nº 13.010 em 2014, que proíbe o uso de castigo físico ou tratamento cruel na disciplina de crianças e adolescentes. Existem pessoas que defendem a interpretação literal das palavras de Salomão em favor de uma punição física. Outros as consideram uma metáfora para a autoridade dos pais e a necessidade de estabelecer limites claros para a conduta das crianças por meio da conversa, por exemplo. De fato, um diálogo aberto e franco pode prevenir uma possível correção.

Nós acreditamos na correção física, pois se trata de um conceito bíblico. No entanto, isso certamente não implica defendermos violência ou qualquer ato cruel. A abordagem precisa sempre ser pautada no amor e destinada a instruir, nunca a maltratar. Reconhecemos também que a aplicação prática da correção pode variar de acordo com cada criança e sua personalidade. Por isso, não temos a pretensão de afirmar qual é a maneira certa ou errada de fazer nada. A disciplina só não deve ser omitida ou desconsiderada em hipótese alguma.

Algo que aconselhamos é nunca fazer nada quando estiver irritado. Disciplinar no calor do momento faz a correção perder sua eficácia. É melhor esperar até que os ânimos se acalmem, para então conversar e explicar a seu filho o motivo da correção. Do mesmo modo, há a necessidade de ter um equilíbrio. Infelizmente, já presenciamos pais cometendo talvez um dos maiores erros em termos de disciplina:

corrigem o filho, mas no dia seguinte aparecem arrependidos e pedem desculpas. Essa atitude geralmente decorre de uma intervenção exagerada feita no momento inadequado, o que é contraproducente. Afinal, se a disciplina fosse aplicada da maneira correta, não haveria necessidade de pedir perdão. Em toda essa situação, o maior problema é que a criança pode começar a entender que toda vez que é disciplinada os pais estão cometendo um erro contra ela.

Quando bem aplicada, a instrução gera um senso de responsabilidade, e "ser responsável" vai além da compreensão das consequências de erros; também abarca uma contrapartida, como a execução de tarefas em casa, algo que deve ser conduzido pelos pais. Não se espera que uma criança de 4 ou 5 anos arrume a casa inteira, porém afazeres simples podem ser introduzidos em sua rotina, como organizar os brinquedos após o uso, ajudar a colocar a mesa ou lavar um copo.

À medida que ela cresce, o nível de complexidade de suas tarefas deve aumentar, um processo gradual que a ajuda a entender que tem obrigações consigo mesma e com as pessoas ao seu redor. Se um adulto não lhe atribuir nenhuma responsabilidade, ela não desenvolverá a consciência do que deve e consegue fazer e terá maior dificuldade para tornar-se independente e autoconfiante.

Hoje em dia, muitas crianças são tratadas como realeza. Ficam no sofá assistindo à televisão e solicitam que seus pais lhes tragam água, suco ou comida, como se fossem seus serviçais. Claro que não há problema nenhum em atender a certos pedidos uma vez ou outra, como um gesto de carinho. No entanto, se essa prática se tornar habitual, acabarão criando a expectativa de que sempre receberão tudo em suas mãos. Pais precisam aproveitar momentos como esses para ensinar seus pequeninos, por exemplo, a pausar o desenho ou filme e pegar a sua própria água. Trata-se de intervenções que os encoraja a se tornarem proativos e conscientes de seus papéis coletivos e pessoais.

Em 1Samuel, registra-se uma situação trágica provocada por um mau exemplo paterno. Eli atuava como sacerdote no santuário de Siló, onde a Arca da Aliança era guardada, e como juiz, sendo responsável pela administração da justiça e pela liderança espiritual do povo israelita. No decorrer dos capítulos 2 e 3, notamos que ele falha em corrigir seus filhos, Hofni e Fineias. Devido a esse descuido, os dois passaram a se comportar de maneira leviana. Em 1Samuel 2.12, são chamados de perversos, pois não se importavam com o Senhor e abusavam de suas posições como sacerdotes para desviar as ofertas destinadas ao templo para seu próprio uso. Além disso, a Bíblia relata que se comportavam de maneira imoral com as mulheres que serviam na entrada da Tenda da Reunião.

A negligência de Eli é exposta quando um profeta o confronta e prenuncia consequências severas para sua postura. Posteriormente, Deus diz a Samuel que punirá a casa de Eli para sempre, pois ele não havia repreendido a iniquidade de Hofni e Fineias. No fim, as advertências se concretizam de maneira trágica: os dois são mortos em uma batalha contra os filisteus, e a Arca da Aliança é roubada. Ao receber a notícia, Eli cai de sua cadeira para trás e falece também (cf. 1Samuel 4).

Percebemos um ponto implícito na narrativa: quando filhos observam inconsistência ou omissão na postura de seus pais, começam a desenvolver ceticismo ou desconfiança em relação à autenticidade do que é ensinado em casa. A figura de um sacerdote, como no caso de Eli, costuma ser atrelada à justiça, moralidade e diligência. É um homem visto na comunidade como alguém sério e íntegro. No entanto, se com sua família ele se comportar de maneira diferente, seus filhos encararão sua conduta pública como um ato teatral, e essa dualidade tende a ser extremamente danosa.

Quando os pais demonstram integridade, compaixão e respeito, estabelecem um padrão que elas tendem a imitar e carregar consigo ao longo da vida. Por essa razão, a presença dos dois é indispensável. Sem seu cuidado, os pequeninos ficam à deriva, em busca de diretrizes e um modelo a seguir, o que pode levá-los a incertezas, inseguranças e até mesmo a comportamentos prejudiciais.

Podemos nos exaurir de tanto falar com nossas crianças e, ainda assim, não conseguir moldar um bom caráter nelas. Por conta disso, Ruth e eu procuramos sempre educar nossos filhos primordialmente por meio do nosso exemplo. Imagine uma casa com três filhos, com diferenças de idades variando entre 4 e 10 anos, os conflitos aparecem com certa frequência.

Não era incomum ver Ellen fazendo algo para irritar o Nikolas ou, com maior frequência, ele provocando a Lavigne. Em tais implicações, às vezes, excedia-se o deboche e provocação. Então, os três ouviam de mim: "Você me vê fazendo ou falando isso?". Com o tempo, eles se apropriaram da minha pergunta e começaram a reproduzi-la uns com os outros. Ou seja, nem sempre era necessário eu falar, o exemplo falava por si só. Nunca podemos esquecer que somos um reflexo de Cristo aos olhos de nossos filhos desde a sua infância.

Pastor Edésio

Em 2Timóteo, a Palavra do Senhor nos traz uma história bem diferente da de Eli. No versículo 5 do capítulo 1, está escrito: "Recordo-me da sua fé não fingida, que primeiro habitou em Loide, a sua avó, e na sua mãe, Eunice, e estou convencido de que também habita em você". As palavras de Paulo celebraram a convicção espiritual que primeiro enraizou-se no coração da avó de Timóteo, em seguida foi compartilhada com sua mãe e, finalmente, transmitida a ele. Sua fé foi um legado familiar. O exemplo de Loide e Eunice serve-nos como testemunho do efeito que um ensino fiel à Palavra do Senhor pode ter em gerações.

Timóteo foi uma figura crucial na Igreja Primitiva, frequentemente citado como um exemplo de conduta moral e compromisso com a pregação das Escrituras. Ele desempenhou atribuições importantes em várias igrejas, foi coautor de epístolas e administrador eclesiástico em Éfeso. Por meio de seu ministério, ajudou a estabelecer a Igreja como uma instituição resiliente e fundamentada na sã doutrina.

Seu testamento de fé e liderança continua a influenciar cristãos ao redor do mundo até hoje. Tudo graças à sua avó e mãe, que semearam a Verdade em seu coração.

A infância é um período precioso para a introdução do Evangelho. Muitos pais não fazem isso por pensar que não é necessário ou que a criança não é capaz de compreender o conteúdo da Palavra. No entanto, temos uma base bíblica consistente que não deve ser negligenciada. Em Deuteronômio 6.6-7, está escrito: "Que todas estas palavras que hoje lhe ordeno estejam no seu coração. Ensine-as com persistência aos seus filhos. Fale sobre elas quando estiver sentado em casa e quando andar pelo caminho; quando se deitar e quando se levantar".

O Evangelho é profundo e, ao mesmo tempo, simples o suficiente para ser assimilado por uma criança. A Bíblia nos ordena a pregar o Evangelho a ***toda*** *criatura, e isso inclui os pequenos, que evidentemente também são criaturas. A salvação é para os que creem, e cremos com o coração, não com o intelecto (cf. Romanos 10.10). Como a criança tem um coração, ela é apta a receber a mensagem de salvação. Os filhos são os nossos primeiros discípulos.*

Quando tinha 3 ou 4 anos, Ellen gostava de ver o pôr do Sol pela janela do seu quarto. Certo dia, reparei que havia um inseto do lado de fora do vidro. Toquei o vidro para mostrar a ela que não havia perigo e sugeri que fizesse o mesmo. Contudo, ela demonstrou medo. Percebi que era uma oportunidade de fazer uma aplicação bíblica. Falei sobre Davi, pastor de ovelhas que, apesar do provável medo, enfrentou um urso para defender seu rebanho e, em outro momento, derrotou o gigante Golias.

Expliquei tratar-se de algo seguro e que compreendia o seu sentimento de medo, mas ele poderia ser vencido porque ela servia ao mesmo Deus de Davi. Aos poucos, ela passou a se sentir confiante e permitiu-se vivenciar aquela experiência. Conforme tocava o vidro várias vezes, ela se divertia observando aquele inseto colorido. Compartilhei de sua alegria, elogiei sua coragem e reforcei a mensagem sobre o amor de Deus por ela.

Quando estava de saída, notei que ela começou a chorar. Pedi que me explicasse o motivo daquele choro, que era, no mínimo, estranho naquele contexto. Ao se referir a algum episódio em que precisei corrigi-la, Ellen disse: "O meu coração está sujo porque eu chamei você de sapo seco". Confesso que tive vontade de rir, mas a acolhi e lembrei a ela sobre o amor de Deus ao enviar o Seu Filho Jesus para nos perdoar e salvar. Disse, ainda, que a amava muito e que do mesmo modo que Deus nos perdoa, também a perdoava. Depois de orarmos juntas, assegurei-lhe: "Agora o seu coraçãozinho está limpo novamente". Aquele choro deu lugar a um rostinho sorridente, e a alegria rendeu muitos abraços e beijos.

Ela poderia ter encoberto esse erro, já que eu não sabia a respeito dele. É difícil encontrar as palavras certas para expressar minha gratidão a Deus ao ver que minha filha, ainda tão pequena, já podia experimentar o arrependimento, a confissão e o amor de Deus. O coração da criança é, de fato, um terreno fértil, e o aprendizado nesta idade tem a força de profundas raízes.

Pastora Ruth

Sem dúvidas, o lugar que ocupamos como pais é um privilégio. Deus nos atribuiu o precioso trabalho de ajudar os nossos filhos a discernirem o caminho certo, e assim como o homem prudente, que construiu sua casa sobre a rocha e a viu resistir a todas as tempestades (cf. Mateus 7.24-27), todo pai e mãe tem o dever de fundamentar a vida de suas crianças em bases sólidas e eternas.

Pastor Edésio e Pastora Ruth

5

“Os que nunca castigam os filhos não podem se admirar se seus filhos se transformarem em um castigo para eles.”

Charles H. Spurgeon

Adolescência: fase de mudanças

Aos 15 anos, experimentei um drinque pela primeira vez em uma festa. Eu nunca tinha consumido álcool antes, e a bebida me fez passar tão mal, que no dia seguinte não consegui participar do louvor no culto. Resolvi abrir o jogo com meu pai e contei sobre o incidente. Expliquei que uma pessoa da igreja precisou me ajudar na noite anterior e, como tinha consciência de sua decepção comigo, pedi desculpas a ele. Lembro de sua resposta até hoje: "Fique tranquilo, filho. Você envergonhou a Deus, não a mim". Na festa, todos sabiam que eu era cristão, mas pareci ter esquecido minha fé na porta, ao entrar. A conversa com meu pai me fez perceber que havia manchado não somente a minha imagem, mas também o nome do Senhor.

Acredito que essa situação ilustra bem como nossa consciência passa a ficar mais aguçada durante a adolescência; começamos a compreender o impacto de nossas atitudes, e isso acaba exigindo de nós uma responsabilidade maior. Nós nos deparamos com expectativas escolares mais rigorosas, dilemas sobre o futuro – qual carreira profissional seguir ou em que universidade estudar –, sem contar os questionamentos a respeito de nossa identidade pessoal. Essas mudanças são necessárias para que exista amadurecimento, e neste cenário a presença dos pais é essencial para ajudar os filhos a lidar com todas as questões típicas da fase.

Minha mãe, por exemplo, sempre defendeu a importância do diálogo e da transparência. Ela nos ensinou que não há vergonha em expressar sentimentos. Se estivermos tristes, devemos admitir nossa tristeza; e se estivermos alegres, devemos expressar alegria. É normal existirem dias em que nos sentimos desmotivados ou mais introspectivos. Para ela, mascarar emoções nunca foi uma opção; pelo contrário, ela compartilhava conosco suas preocupações e até problemas que a chateavam. Sua sinceridade me fez perceber que nossa casa era um refúgio seguro. Dessa forma, em vez de buscar conselhos com amigos da escola ou igreja, eu me voltava para dentro do meu próprio círculo familiar.

Hoje em dia, observo uma desconexão preocupante dentro das famílias. É comum todos estarem em casa, mas isolados em seu próprio mundo digital. Consequentemente, as oportunidades de contato são drasticamente reduzidas, já que estão mais interessados em redes sociais, jogos on-line ou streaming de vídeos. Essa distância é extremamente prejudicial para filhos adolescentes, uma vez que se não tiverem abertura para compartilhar suas dúvidas e inseguranças com seus pais, terão dificuldades em seu processo de desenvolvimento.

A ausência de um canal de comunicação o forçará a depender de suas próprias experiências para amadurecer, o que muitas vezes resulta em aprendizados decorrentes de erros desnecessários e evitáveis. Embora seja verdade que a vida nos ensina muitas lições, não precisamos aprender tudo da maneira mais difícil. Como meu pai dizia: "Já estive na sua idade e compreendo o que você está sentindo, pois passei por coisas semelhantes. Não há necessidade de você passar pelo mesmo".

Adolescentes lidam com questões de autoimagem, fé, sexualidade e uma série de outras coisas. Quase nada escapa de sua curiosidade, e é uma fase em que costumam perguntar sobre tudo a todo momento. Em meio a essas circunstâncias, pai e mãe precisam exercer sabedoria e ser um porto seguro para sua casa. Quando demonstram discernimento e maturidade, são vistos como pessoas que sabem o que estão fazendo. Assim, aumentam as chances de os filhos se voltarem a eles em momentos de dificuldade – problemas emocionais, decepções com notas escolares ou desconforto com as transformações físicas da puberdade.

É claro que cada um terá sua maneira de se expressar: alguns são mais comunicativos, enquanto outros podem levar mais tempo para se abrir. Independentemente das diferenças, é possível perceber quando a segurança emocional de um filho está associada a festas, amigos, etc., ou ao lar. Se ele evita momentos em família, passa tempo demais no celular ou se isola em seu quarto, isso pode indicar a necessidade de os pais intensificarem sua presença antes que influências externas ganhem maior espaço. Caso os dois não se posicionem, é provável que ele busque cada vez mais direção em outras fontes que não são confiáveis.

Pais precisam se aproximar de seus filhos em vez de permitir a existência de um abismo que só atrairá outros abismos (cf. Salmos 42.7). Parte superior do formulário Nessa dinâmica, percebo que a mãe possui uma tendência natural de sanar as curiosidades. Em especial com as meninas, ela aborda as mudanças hormonais típicas da adolescência, compartilha suas próprias experiências e oferece conselhos práticos sobre como lidar com as pressões sociais referentes à aparência física ou à feminilidade. Para os meninos, ela é a primeira figura feminina com quem interagem. Ao observá-la, suas percepções sobre as mulheres são moldadas. Até mesmo as atitudes maternas de paciência, carinho e compreensão servem como modelo para a forma como se relacionarão com os outros no futuro.

O pai, por sua vez, é uma figura central na forma como filhos compreendem e esculpem sua masculinidade. Por meio de sua conduta, ele demonstra o que significa ser forte, íntegro e cavalheiro com as mulheres. Ele é o primeiro homem da vida de suas filhas, portanto é responsável por estabelecer o padrão de como devem esperar ser tratadas em seus futuros relacionamentos. Cabe a ele conversar a respeito de questões como o uso de drogas, bebidas alcoólicas e pornografia, temas que muitas vezes são abordados longe da família, em escolas, na internet ou pelos "especialistas", que tratam esses assuntos de uma maneira completamente diferente da orientação bíblica.

Por exemplo, meu pai conversou comigo sobre os perigos da pornografia. Ele explicou por que deveria evitá-la, quais eram os danos que ela poderia causar e até me enviou artigos na época para que pudesse me informar melhor sobre as consequências do vício. Hoje, crianças e adolescentes são expostos prematuramente a uma série de temas problemáticos, seja através de músicas, filmes ou redes sociais. Acredito que os pais devem intervir ao notarem algo preocupante no celular ou computador dos filhos, mas o ideal é que possam prevenir que acessem qualquer material nocivo e inapropriado. Embora seja desconfortável iniciar conversas sobre certos tópicos, elas são necessárias para evitar situações ainda mais tensas no futuro.

O cuidado e acompanhamento do pai e da mãe são indispensáveis. À medida que os filhos envelhecem, os dois precisam agir com sabedoria no ajuste de normas e limites para evitar problemas como negligênciaou comportamento rebelde por parte de seus meninos e meninas. Lembro que em casa as regras eram rígidas: às oito da noite, todos deveriam estar na cama, e o banho não poderia exceder dez minutos. Era proibido colocar os pés no sofá ou comer assistindo à TV. A ideia de jantar em quartos separados era impensável; havia apenas uma televisão na sala, e era ali que todos deveriam se reunir para assistir a um filme ou programa, se quisessem.

Quando o desejo de liberdade e independência começa a aumentar – o filho passa a querer dormir tarde à noite, sair mais com os amigos, etc. –, manter as rédeas curtas em certos aspectos de sua vida se torna necessário. Se meu pai e minha mãe, por exemplo, não tivessem insistido para que aprendesse inglês, praticasse atividade física, evitasse dormir o dia todo e me levantasse cedo para ajudar em tarefas no sítio ou na limpeza da igreja, minha mentalidade hoje seria outra.

Isso me traz à memória a figura de Richard Williams[1], pai das tenistas Venus e Serena Williams[2]. Sua visão e determinação foram decisivas para o destino das duas no mundo do tênis. Ele elaborou um plano detalhado de 78 páginas para suas carreiras quando ainda eram crianças e as levava para treinar em quadras públicas em Compton. Richard priorizava a disciplina das meninas no esporte, sem jamais negligenciar os estudos delas. Imagine, por um momento, se não fosse por seu compromisso – e faço apenas uma suposição, sem desmerecer o talento das meninas –, talvez o mundo nunca tivesse testemunhado a ascensão de duas das maiores atletas da história do tênis.

Educar um adolescente deve ser como tentar solucionar um cubo mágico que tem vida própria e decide embaralhar suas cores quando menos se espera. Graças a Deus, a Bíblia oferece a pais e mães um conselho precioso: "[...] não provoquem os seus filhos à ira, mas tratem de criá-los na disciplina e na admoestação do Senhor" (Efésios 6.4 – NAA). Em outras palavras, orientem seus filhos com amor e segundo princípios divinos, não com rigor excessivo ou indiferença. Se tropeçarem, ajudem-nos a levantar. Caso apresentem dúvidas, esclareçam-nas com paciência. Quando eles sentirem medo, inspirem

1 Richard Williams, notavelmente reconhecido como o arquiteto por trás do sucesso de suas filhas, Venus e Serena Williams, no mundo do tênis, não apenas moldou as carreiras de duas das maiores atletas do esporte, mas também redefiniu o papel de treinador parental no tênis profissional. Sem uma formação formal em tênis, ele começou a treinar suas filhas em Compton, Califórnia, enfrentando inúmeras adversidades e ceticismo. Sua abordagem inconvencional e a firme crença nas capacidades de suas filhas foram cruciais para que rompessem barreiras e dominassem o esporte. Sua dedicação e estratégias elevaram o status de suas filhas e influenciaram significativamente as práticas de treinamento no tênis juvenil globalmente.

2 Venus e Serena Williams, irmãs e ícones do tênis mundial, revolucionaram o esporte com seu estilo de jogo poderoso e atlético. Ambas alcançaram o número um do mundo, com Serena acumulando 23 títulos de Grand Slam, superando a marca da Era Aberta, e Venus conquistando 7 títulos de Grand Slam. Além de seus feitos individuais, elas também dominaram em duplas, ganhando 14 títulos de Grand Slam juntas.

coragem em seu coração. Se desobedecerem às regras, corrijam-nos com firmeza. Se errarem, ensinem-nos a aprender com seus erros. Estejam presentes.

——————————————— **Nikolas Ferreira**

Imaginamos que a maioria de nós compartilha a lembrança de aprender a andar de bicicleta. No início, as rodinhas laterais ofereciam a estabilidade necessária para nossos primeiros momentos sobre duas rodas. Com o tempo, ao removê-las, descobrimos que ainda precisávamos de apoio; um adulto, geralmente nosso pai, segurava o banco, ajudando-nos a manter o equilíbrio até conseguirmos pedalar por conta própria. Esse processo era repleto de emoções: uma mistura de euforia e medo. Cada queda simbolizava uma lição e cada retomada um passo rumo à autonomia. Curiosamente, é possível fazer uma analogia com o crescimento humano: começamos nossa vida em total dependência, e a condição persiste até o dia em que temos a liberdade de "sair de bicicleta" pelas ruas que quisermos.

Adolescência deriva do latim *adolescere*, que significa justamente "crescer". Estamos falando de um período em que tudo o que foi absorvido nos primeiros anos de vida aflora e vem à tona, trazendo consigo um turbilhão de emoções e pensamentos. Costumamos dizer que é uma reedição da infância e se trata de uma etapa de mudança, marcada pela busca e afirmação da identidade, quando nossos filhos deixam de ser crianças e começam a trilhar um caminho em direção à maturidade. Tudo isso é necessário para a elaboração de seu senso de individualidade e independência, além de ser um prelúdio vital para o capítulo adulto de sua vida.

Na Palavra do Senhor, observamos homens e mulheres cuja adolescência foi elementar para seus futuros sucessos. Moisés é um exemplo: criado no palácio da filha do faraó, ele foi imerso nos costumes egípcios e na educação do país. Em Atos, está escrito que ele "[...] foi instruído em toda a sabedoria dos egípcios e veio a ser poderoso em palavras e obras" (7.22). Isto é, ele recebeu uma formação ampla que abrangeu, possivelmente, Literatura, Ciências, Matemática e estratégia militar.

Apesar de ser exposto a uma cultura diferente, o menino tirado das águas (cf. Êxodo 2.10) preservou sua identidade hebraica. Enquanto muitos poderiam se perder em entretenimentos efêmeros e comprometer seu propósito de vida, Moisés aproveitou sua adolescência para adquirir conhecimentos que, sem que soubesse, seriam necessários para liderar o povo de Deus.

Outro adolescente que podemos mencionar é José. Acredita-se que ele tinha entre 16 e 17 anos quando foi traído e vendido como escravo pelos próprios irmãos (cf. Gênesis 37.12-36). A despeito disso, José não se deixou abater pela frustração; e se tivesse sucumbido ao desprezo e à traição de seus irmãos, jamais teria se tornado o grande líder que foi aos 30 anos de idade. Sua história demonstra que, independentemente das rejeições e injustiças que sofreu em sua adolescência, ele soube transformar os obstáculos impostos pela vida em degraus para o seu crescimento e sucesso.

Não temos dúvida de que existem outros exemplos bíblicos. Daniel, que decidiu não se contaminar com os banquetes do rei enquanto ainda era um adolescente na corte babilônica. Davi, que, ainda menino, derrotou o gigante filisteu Golias. Ou Josias, que ascendeu ao trono aos 8 anos de idade e iniciou reformas religiosas aos 16. Cada relato reafirmaria a ideia de que atos corajosos e decisivos na vida adulta muitas vezes têm suas raízes nos anos da adolescência. É precisamente nessa fase que o ser humano começa a esculpir sua identidade, ao passo que estabelece as bases para quem será futuramente.

Freud considerava a adolescência, período que ele denominava "puberdade", como um luto pela infância. Segundo ele, essa etapa é marcada por um intenso desenvolvimento sexual e psicológico, em que meninos e meninas enfrentam o desafio de começar a se desvincular das figuras parentais enquanto se direcionam para a independência[3]. Durante os primeiros anos, a criança passa por um processo de individuação. Ela identifica suas diferenças e habilidades, o que culmina na construção de uma identidade.

No entanto, quando a puberdade se inicia, surge a necessidade de elaborar uma nova, transformação que pode ser comparada à atualização de um RG. Hoje é comum nossos pequeninos terem o documento desde muito novos, como a Lavigne, que obteve o seu com um ano de idade. Eventualmente, é preciso haver uma atualização, mas mesmo que uma nova foto seja tirada para retratar as mudanças na aparência, os dados fundamentais – número de identificação, nome, filiação, local e data de nascimento – não mudam.

É interessante que na cultura judaica, por exemplo, a adolescência praticamente não existe. Quando um menino faz 13 anos de idade e uma menina 12, eles já são considerados responsáveis por seus próprios atos sob a lei judaica e podem participar da vida religiosa da comunidade. Durante as cerimônias de *Bar Mitzvah* para os meninos e *Bat Mitzvah* para as meninas, realizadas geralmente em uma sinagoga, eles leem trechos da Torá e da Haftará[4] durante o serviço religioso de Shabat[5]. A leitura serve como um rito de passagem que os reconhe-

3 Adolescência: dicas da Psicanálise, **Psicanálise Clínica**. Disponível em: <https://www.psicanaliseclinica.com/adolescencia-dicas-da-psicanalise/>. Acesso em: 3 maio 2024. O problema do saber na adolescência e o real da puberdade, **SciELO Brasil**. Disponível em: <https://www.scielo.br/j/pusp/a/8qjQdsBdbWrmF4wTBqTVvnv/>. Acesso em: 3 maio 2024.

4 Haftará refere-se a uma série de seleções dos livros dos Profetas (Nevi'im) do Tanakh, o cânone bíblico judaico, que são lidas publicamente na sinagoga após a leitura da Torá durante o serviço religioso de Shabat, bem como em feriados e dias de jejum. Cada Haftará é escolhida por sua relação temática com a porção da Torá lida naquele dia. Essa prática enriquece o entendimento das Escrituras e oferece perspectivas adicionais sobre os temas tratados na Torá.

5 As atividades durante o Shabat incluem a realização de três serviços de oração principais: o *Ma'ariv* acontece na sexta à noite, o *Shacharit* na manhã de sábado, e o *Minchá* na tarde de sábado. Cada um conta com a recitação de orações específicas, leituras da Torá e cânticos, que diferem ligeiramente em função das comunidades e tradições locais.

ce oficialmente como membros adultos da comunidade judaica. Nas festividades masculinas, os homens mais influentes e respeitados da família e da comunidade podem se reunir para aconselhar o menino, compartilhando sabedoria e experiências que ajudam a moldar seu caráter como novo adulto.

> *Aliás, essa questão me lembra de um hábito que minha família cultiva há alguns anos: nossos almoços aos domingos. Cada semana, o encontro acontece na casa de um dos irmãos, com a presença da nossa mãe e de toda a parentela – cunhados, filhos, netos e agregados. É um momento de comunhão que tem* status *de prioridade e do qual não abrimos mão. Durante esses momentos, é comum nos envolvermos em discussões produtivas sobre temas polêmicos e compartilharmos aspectos do nosso cotidiano. Relembramos fatos da nossa história passada, o que traz ao conhecimento dos mais novos nossas vivências e como lidamos com cada uma delas, independentemente de terem sido bem-sucedidas ou não. Todos têm voz e são ouvidos, até as crianças. Nosso encontro multigeracional sempre enriqueceu o repertório de vida uns dos outros, além de fortalecer o nosso vínculo familiar.*
>
> **Pastor Edésio**

Podemos notar que tradições e encontros multigeracionais como os que mencionamos estão cada vez mais raros. A modernidade, apesar de seus aspectos positivos, traz consigo coisas negativas, em especial no que diz respeito ao desenvolvimento de nossas crianças e adolescentes. Muitos parecem viver em um estado de infantilização prolongada, sem responsabilidades claras nem uma compreensão realista do mundo. Em vez disso, tudo parece girar ao seu redor, como se fossem o centro das atenções. É como se habitassem um universo hipotético, fantasioso, e o pior: vivem sem referência nenhuma.

Essa é uma fase em que certos sonhos – o ingresso em uma faculdade, uma carreira profissional e afins – começam a surgir; portanto, introduzir mentores na vida de nossos filhos pode ser benéfico. Durante sua adolescência, Nikolas teve a oportunidade de estar sob a tutela de um influente mentor intelectual, Olavo de Carvalho[6]. Apesar de ressalvas, como o uso frequente de palavrões e o cigarro quase sempre presente em sua mão, aconselhávamos nosso filho: “Saiba filtrar as coisas e focar no que é bom; ouça o que ele tem a dizer”. Quando apresentamos boas referências para nossos meninos e meninas, contribuímos para o fortalecimento de seu caráter e a construção de seu futuro.

Infelizmente, existem inúmeros exemplos preocupantes de influência negativa no mundo das celebridades digitais, facilmente acessíveis pelas mídias sociais. Figuras públicas que, por vezes, adotam comportamentos caricatos que só promovem superficialidade e ignorância. Ao se espelharem nesses influenciadores, adolescentes tendem a valorizar excessivamente a imagem e o status em detrimento de valores éticos e morais. Essa admiração limita seu crescimento e os confina a uma bolha de conteúdo que nada agrega à sua vida.

Muitas vezes, falta uma convivência intergeracional, que poderia contrabalançar essa tendência, mas a realidade acaba sendo outra. Nos mais diversos ambientes sociais, até mesmo nossas congregações, parece existir uma segmentação etária. Em muitas igrejas, por exemplo, eventos são organizados para cada faixa etária – de crianças a idosos. A separação limita as interações entre diferentes idades e leva a uma homogeneidade de opiniões e experiências. Como consequência, crianças, adolescentes ou jovens raramente têm a

[6] Olavo de Carvalho foi um filósofo, escritor e jornalista brasileiro, conhecido por sua influência no pensamento conservador no Brasil. Nascido em 1947 e falecido em 2022, Carvalho residiu nos Estados Unidos a partir de 2005, onde seguiu sua carreira como escritor e professor através de cursos on-line sobre filosofia e outras áreas do conhecimento. Suas opiniões muitas vezes polarizadas e seu estilo direto de comunicação renderam-lhe tanto seguidores fervorosos quanto críticos contundentes.

oportunidade de aprender com os mais velhos e ficam confinados a seus próprios círculos.

Assim, o que observamos são adolescentes deslocados, que preferem sair para almoçar com amigos da mesma idade e evitam a companhia de pessoas mais velhas. Quando eles se isolam em seus próprios grupos, tendem a permanecer em um estado de imaturidade e presos a comportamentos infantis. Para alterar esse cenário, precisamos cultivar uma cultura de convívio intergeracional desde a infância. Em nossa família, por exemplo, fomos abençoados por conseguir estabelecer uma prática assim. Além daqueles grandes encontros, sempre que possível, nós nos reuníamos os cinco à mesa para conversar e ter um tempo juntos.

> *Durante minha infância e adolescência, lembro-me da sensação de não ter voz. Não existia diálogo nenhum em casa; meus pais, condicionados por suas próprias limitações, não sabiam agir de outra maneira. Não era negligência da parte deles, mas uma característica típica da época. Naqueles dias, crianças e adolescentes eram tratados como incapazes de compreender o mundo e, consequentemente, viviam suas angústias em silêncio. Esse foi um cenário que fiz questão de não replicar. Nossos filhos precisam saber que não estão sozinhos e podem contar conosco enquanto aprendem a tomar suas próprias decisões.*
>
> **Pastora Ruth**

Quanto melhor for a relação familiar, mais tranquilo será o processo educativo dos filhos. É comum questionarem as lições e princípios ensinados em casa. Isso é bom, faz parte da construção de sua autenticidade e independência. Nessas horas também percebemos que quando os ensinamentos são bem assimilados nos primeiros anos de vida, mesmo diante das inúmeras dúvidas e incertezas da adolescência, nossos filhos não se sentem desorientados. Pais precisam ser sábios na maneira como lidam com a natureza conflituosa dessa fase e sempre se manterem abertos à comunicação. Nossos meninos e meninas precisam se sentir acolhidos. Recomendamos apenas tomar cuidado para que não haja nenhuma confusão quanto a papéis ou posições.

Pais podem ter uma relação amistosa com seus filhos, porém precisam diferenciar "ser amigo" de "ser pai ou mãe". Se tentarem tornar-se apenas "amiguinhos", acabarão promovendo uma desorganização de papéis familiares, o que terá uma série de implicações negativas, como a destituição da autoridade e respeito dentro do lar. A estrutura de uma família se fundamenta em certos aspectos que não são característicos de uma amizade comum.

Procurei abordar a questão da amizade de uma maneira bem objetiva: antes de ser amigo, sou pai. Não nego a amizade, mas a paternidade vem em primeiro lugar. Existe uma hierarquia. Ou seja, entre mim e meus filhos a relação é vertical, ao contrário da horizontalidade típica entre amigos. No contexto familiar, cada um tem um papel específico. A relação entre pai e filho pode ser amigável, mas não em detrimento da função primária da figura paterna.

Ruth e eu nos empenhamos para que, desde pequenos, Ellen, Nikolas e Lavigne aprendessem a respeitar e honrar nossa estrutura familiar. A Bíblia é clara: "Filhos, obedeçam aos seus pais no Senhor, pois isso é justo. 'Honre o seu pai e a sua mãe' – que é o primeiro mandamento com promessa – 'a fim de que tudo corra bem com você, e você tenha vida longa na terra'" (Efésios 6.1-3). Esses três versículos evidenciam o quanto Deus valoriza e incentiva o respeito e a obediência. A promessa associada ao mandamento não é trivial; ela conecta a honra ao bem-estar pessoal e à longevidade. Podemos dizer que a "matemática" divina é simples: honre seus pais para que sua vida seja abençoada e prolongada.

Pastor Edésio

A honra é uma virtude que deve ser ensinada, pois não é inata ao ser humano. Ao nascer, não sabemos nada a respeito do que significa honrar alguém. Bebês, por exemplo, têm suas necessidades básicas atendidas e sequer agradecem a mãe após serem alimentados. Brincadeira à parte, conforme as crianças crescem, são gradualmente introduzidas a conceitos como gratidão, respeito, reciprocidade e assim aprendem a honrar as pessoas, a começar pela mãe, que normalmente é sua principal cuidadora.

Se perguntarem a um pai e uma mãe com mais de um filho sobre qual amam mais, provavelmente a resposta será que as formas de expressão variam, mas o amor em si não é quantificável. Contudo, se a questão for quem escolheu honrá-los mais, a resposta pode ser outra. Embora todos os filhos sejam amados igualmente, a honra é uma escolha consciente e um aprendizado. Portanto, é possível que alguns filhos decidam honrar seus pais de maneira mais profunda ou evidente do que outros.

Mencionamos o exemplo de José, o menino hebreu que foi vendido como escravo por seus próprios irmãos e, contra todas as probabilidades, ascendeu à posição de governador do Egito. Apesar de seu poder e influência, ele permaneceu íntegro em seu caráter e não permitiu que seu coração fosse corrompido. Ao contrário, demonstrou respeito por seu pai, Jacó, ao tomar medidas decisivas para garantir o bem-estar de toda a sua família durante um dos mais severos períodos de fome que todas as terras já haviam enfrentado (cf. Gênesis 42-47). Sua decisão de perdoar em vez de buscar vingança refletiu sua compreensão a respeito dos valores de amor e misericórdia.

José honrou seu pai de uma maneira que foi além das expectativas comuns. Ao acolher seus irmãos com compaixão e prover para eles e suas famílias, fortaleceu os laços familiares, que poderiam ter sido destruídos pelo ressentimento. Sem contar que seu ato de generosidade preservou a linhagem do povo de Israel, garantindo sua continuidade histórica e cultural. A vida de Zafenate-Paneia (cf. Gênesis 41.45), como era chamado pelos egípcios, é uma prova clara de que a honra aos pais é uma virtude que transcende as circunstâncias pessoais e resiste ao teste do tempo.

Surge então uma questão controversa: como aplicar esse mandamento bíblico nos contextos em que os filhos sentem que seus pais não são merecedores? Alguns podem se questionar nesse sentido, no entanto a Bíblia instrui que a honra não deve ser condicionada à percepção de mérito. A orientação se fundamenta no princípio de que todos somos honrados como pertencentes ao Reino de Deus. Portanto, honramos nossos pais como um reflexo do que já recebemos d'Ele, como Jesus disse: "[...] Vocês receberam de graça; deem também de graça" (Mateus 10.8). Trata-se de uma decisão consciente em obediência a uma Lei divina, cuja compensação é uma vida abençoada e prolongada.

Se nos pedissem para definir a adolescência em uma única palavra, escolheríamos "consolidação". É um tempo realmente propício para o estabelecimento de valores que nossos filhos carregarão por toda a vida. Durante essa fase, em que estão redefinindo sua identidade e descobrindo quem são, é essencial não negligenciarmos nossos papéis dentro de casa. Devemos sempre buscar sabedoria em Cristo para sermos conselheiros, motivadores e guias dos nossos filhos. Afinal, nosso amor e instrução são os alicerces sobre os quais se firmarão para sonhar alto e esculpir seus próprios destinos com confiança e coragem.

Pastor Edésio e Pastora Ruth

6

“Se o barro não se entregar totalmente, o oleiro nada pode fazer.”

A. W. Tozer

Juventude: bem-vindo à vida real

> Alegre-se, jovem, na sua mocidade! Seja feliz o seu coração nos dias da sua juventude! Ande pelos caminhos do seu coração, e conforme tudo o que agradar aos seus olhos, mas saiba que por todas essas coisas Deus o trará a julgamento (Eclesiastes 11.9).

Viver é, sem dúvida, um dom precioso. Ter a chance de sonhar, construir uma família, dedicar-se a um trabalho e dar passos em busca do que nos traz felicidade são experiências que conferem sentido ao nosso cotidiano e nos impulsionam a seguir em frente. Biblicamente, somos seres tridimensionais – corpo, alma e espírito –, não robôs programados para uma existência linear e previsível. Talvez seja por isso que a Bíblia nos aconselha a prezar pela alegria em nossa mocidade; afinal, a vida, além de ser curta, é um presente do qual Deus deseja que desfrutemos.

Confesso que o tom liberal da primeira parte de Eclesiastes 11.9 me pareceria estranho para um texto bíblico se não fosse o contrapeso: "[...] mas saiba que por todas essas coisas Deus o trará a julgamento". Brincadeira à parte, minha menção a esse versículo é mais alegórica do que interpretativa. Sei que o rei Salomão está exortando os jovens a viverem com a consciência de que suas escolhas têm consequências eternas. Mas, curiosamente, a iminência do julgamento não anula a experiência da vida; em nenhum momento se sugere que os supostos jovens não façam nada por medo de serem condenados.

É um paradoxo no mínimo intrigante, e gosto de associá-lo às palavras de Jesus em Mateus 22.21, que até se tornaram ditado popular: "[...] deem a César o que é de César e a Deus o que é de Deus". Meu ponto é: embora não pertençamos a este mundo, não podemos ficar parados, à espera da volta de Cristo. A Eternidade não anula nossa finitude na Terra. O Senhor deseja que sejamos proativos e diligentes em nosso tempo aqui, que nos movamos de acordo com o propósito que Ele estabeleceu para cada um de nós, seja qual for – gerenciar uma loja comercial, ser um jogador de futebol ou pastor de uma igreja, etc.; a lista é infinita.

Nesse cenário de possibilidades, existe algo vital, que é o discernimento. Sobretudo para os pais, que são responsáveis por guiar seus filhos na direção do destino que Deus planejou para eles – um processo que começa na infância e se estende ao longo da juventude. Nessa última fase antes da autonomia completa, o jogo muda. A língua inglesa que se aprendeu na adolescência evolui para uma ferramenta de trabalho, o talento para desenhar pode abrir portas nas indústrias, publicidade ou marketing, e o hobby esportivo, se bem investido, se transforma em oportunidades em áreas como educação física ou mesmo atletismo profissional. Apesar de os pais não terem mais a rédea de todas as decisões, a presença, conselho e instrução deles são cruciais em meio às mudanças da idade adulta. Saber que os dois acreditam nos seus sonhos tanto quanto você faz toda a diferença.

Jamais me esquecerei da dedicação do meu pai durante minha campanha política em 2020, quando disputei o cargo de vereador em Belo Horizonte. Ele ficava no comitê todos os dias, manhã e tarde, aconselhando-me e ajudando na avaliação dos prós e contras de deliberações partidárias. Mesmo após o término das eleições, ele continuou sendo uma figura presente em meu gabinete. Minha mãe, por sua vez, não deixava passar um dia sequer sem me enviar mensagens de incentivo e áudios de oração; eram minhas doses diárias de força, que me sustentavam e me lembravam de que não estava sozinho.

Suponho que qualquer pai ou mãe, em sã consciência, queira o melhor para seus filhos. Ironicamente, um dos ofícios de seu papel é se distanciar e permitir que seus meninos se transformem em homens e suas meninas em mulheres. Em algum momento, cada um terá de aprender a se posicionar, a defender aquilo que acredita e a viver em meio aos altos e baixos da vida. Segundo a Palavra, os jovens são fortes (cf. 1João 2.14); no entanto, não nos tornamos assim da noite para o dia. Ninguém nasce pronto para se expor a qualquer desafio, mas ao mesmo tempo, a exposição não precisa ser temida.

Imagine uma laranja pendente em seu galho. Antes de sua existência, houve uma árvore frutífera que passou por um ciclo completo até que seus frutos atingissem a maturidade. Assim que a laranja amadurece, ela é colhida. Ela pode ter uma aparência externa, porém o estado de seu interior permanece incerto até que seja cortada e espremida. Essa é a hora da verdade, quando descobrimos se seu suco será doce e refrescante ou se a fruta se revelará inadequada para consumo. Com os filhos é mais ou menos assim; há todo um processo de educação que os prepara para o momento em que "serão colhidos". Eventualmente, a vida os "espreme" e põe à prova tudo o que foi ensinado por seus pais. Não são as figuras paterna e materna que fazem essa pressão final, mas sim as circunstâncias cotidianas que mostram se os ensinamentos foram suficientes para que produzam um "bom suco".

Outra ilustração é o famigerado futebol descalço na rua. Na primeira vez que você joga, volta para casa com os pés doendo e uma bolha dolorosa como troféu. Na semana seguinte, lá está você novamente, com a chuteira invisível nos pés, pronto para outra partida. Dessa vez, traz um dedão roxo para contar história. Com cada jogo, o pé se acostuma mais com o asfalto áspero e começa a formar calos que servem como armaduras contra pequenos pedregulhos e irregularidades no chão. A verdadeira prova vem quando um caco de vidro cruza seu caminho. Só que em vez de cortar sua pele, o vidro se estilha sob o peso de um pé resistente. É a evidência de que, com o tempo, aquilo que nos machuca pode se tornar incapaz de nos ferir novamente.

A exposição a situações difíceis foi um processo gradual para mim; e não foi fácil, especialmente no início. Às vezes, os novos desafios parecem uma montanha impossível de escalar. Cheguei a me sentir impotente e injustiçado em certos momentos, tão grande era a sensação de frustração e desamparo. No entanto, uma transformação sutil começou a acontecer. É fato que a maturidade se desenvolve aos poucos, à medida que aprendemos a encarar e reagir a cada situação. Dores e percalços, que antes me derrubavam com facilidade, começaram a perder o poder sobre mim. Um insulto, por exemplo, que antes me afetava, agora passa quase despercebido. Isso não significa que os problemas deixaram de existir, mas a minha reação a eles não é a mesma que teria antes.

Na juventude, precisamos focar no que é importante para nosso crescimento pessoal, espiritual e profissional, em vez de perder tempo com coisas que não nos agregam nada. Esse processo emocional é longo e contínuo, passo por ele até hoje. Com os anos, aprendi a moderar minhas reações e manter uma perspectiva equilibrada. Comecei a entender que os elogios não devem inflar meu ego, nem as críticas abalar meu ânimo. Há uma linha tênue entre o que é sincero e o que é superficial nas palavras alheias. Algumas pessoas dizem que nos amam sem que isso seja verdadeiro, da mesma forma que o ódio expressado por outros pode ser desprovido de fundamento real. De todo modo, nada disso determina quem somos de verdade.

Trago essa perspectiva porque com certeza não teremos apenas experiências positivas com as pessoas ao longo da vida, porém todas elas podem nos ajudar a amadurecer. De fato, algumas das lições mais valiosas surgem de circunstâncias difíceis ou sacrifícios dolorosos;

o segredo é saber discernir o que é proveitoso a curto e longo prazo. Talvez isso signifique abrir mão de algo que amamos ou enfrentar situações desconfortáveis com o objetivo de alcançar um bem maior.

Nosso desenvolvimento deve ser priorizado em detrimento de distrações ou negatividades que nada acrescentam. Por isso, adotei a prática consciente de filtrar as vozes que permito influenciar minha trajetória. Esta é, a propósito, uma dica bíblica: "Aquele que anda com os sábios será cada vez mais sábio, mas o companheiro dos tolos acabará mal" (Provérbios 13.20). Reconheci que o verdadeiro crescimento começa dentro de nós; logo, nada seria mais sábio do que dedicar atenção aos que vivem de forma admirável. Acredito que essa abordagem reforça minha resiliência emocional e orienta meu caminho de uma maneira mais clara e objetiva.

Entender quem somos – nossos limites e potenciais – é um pilar essencial para enfrentarmos os obstáculos corriqueiros com eficácia. A juventude é uma fase repleta de armadilhas, especialmente quando nos deparamos com filosofias, ideais ou conceitos que, embora atraentes, podem nos desviar da Verdade. Ideias desse tipo chegam a nos seduzir com sua aparente lógica e profundidade à primeira vista, mas frequentemente nos afastam dos princípios que orientam uma vida alinhada com a fé em Cristo.

Tudo nos é permitido, mas nem tudo convém ou edifica (cf. 1Coríntios 10.23). Com um toque de perspicácia saberemos distinguir entre uma coisa e outra, pois é no detalhe que o Diabo está. E não é porque a maioridade chegou que a orientação dos pais perde a relevância. Em momentos em que o mundo emprega suas mais sedutoras artimanhas para capturar a atenção dos jovens, o conselho de uma mãe ou o confronto de um pai funcionam como o antídoto contra o veneno da enganação.

Não é clichê aconselhar um jovem a vigiar para não perder o Senhor de vista. Práticas espirituais como a oração e a leitura da Palavra são vitais para nos aproximarmos de Deus e viver conforme

Seus mandamentos. Temos de sair do mundo ilusório das ideias e nos aprofundarmos no estudo da própria fé. Muitos deixam de fazer isso e são prejudicados. Em qualquer eventualidade, a falta de convicção e conhecimento os deixam vulneráveis a serem influenciados por argumentos falaciosos ou falsidades. "Como pode o jovem manter pura a sua conduta?" (Salmos 119.9a); a resposta está no mesmo versículo e é simples: vivendo de acordo com a Palavra. Mas não basta conhecer o que está escrito somente, é necessário incorporar os preceitos bíblicos e torná-los parte de nosso ser.

Todo jovem deve se ancorar na Verdade e se manter firme no que Deus revela a respeito de sua identidade e propósito – seja na área profissional, familiar, acadêmica, espiritual, etc. –, sem negociar com as efemeridades mundanas. A juventude é a época em que sonhos são mais vívidos e o futuro se desdobra em um leque de possibilidades que demanda responsabilidade e sabedoria. É um tempo para testar limites e dominar a arte de equilibrar ideais com a realidade. De certa forma, viver essa fase é o primeiro grande ato de coragem de um filho em transição para a idade adulta – um belo prelúdio para o que está por vir nas próximas etapas da vida.

Nikolas Ferreira

Juventude é uma palavra que carrega consigo uma conotação mais ampla do que sua definição no dicionário: "período da vida de uma pessoa entre a infância e a idade adulta; qualidade do que é jovem, do que apresenta viço e frescor; mocidade"[1]. É comum associarmos o termo à autonomia, aos sonhos e desejos que movem o coração impulsivo de rapazes e moças que simbolizam a promessa de um futuro melhor para a sociedade ou a um espírito resiliente, energético e criativo. Ser jovem denota testar limites, questionar regras e, às vezes,

[1] Michaelis. **Juventude**. Disponível em: <https://michaelis.uol.com.br/moderno-portugues/busca/portugues-brasileiro/juventude/>. Acesso em: 13 maio 2024.

quebrá-las, mas também aprender que cada ação tem uma reação e que liberdade se paga com a moeda da responsabilidade.

Existe o desejo de se afastar das sombras de gerações anteriores e encontrar seu próprio destino, enquanto se luta contra a confusão do relativismo cultural, com suas máximas sedutoras e ilusórias. Identidade e aceitação parecem ser substantivos que pesam sobre a mente dos nossos filhos que, finalmente, se tornaram homens e mulheres. Da noite para o dia começam a participar do jogo da vida real, em que precisam mostrar criatividade e destreza. Se existiu um homem que se preocupou em escrever sobre essas nuances da juventude foi Salomão; no entanto, não falaremos sobre nenhum de seus provérbios, nossa atenção se voltará à conversa entre pai e filho que antecedeu o início de seu reinado:

> Estou para seguir o caminho de toda a terra. Por isso, seja forte e aja como homem. Obedeça ao que o Senhor, o seu Deus, exige: ande nos caminhos dele e obedeça aos seus estatutos, aos seus mandamentos, às suas ordenanças e aos seus testemunhos, conforme se acham escritos na lei de Moisés; assim, você terá êxito em tudo o que fizer e aonde quer que for, de modo que o Senhor mantenha a promessa que me fez: "Se os seus descendentes cuidarem da sua conduta e se me seguirem fielmente de todo o coração e de toda a alma, você jamais ficará sem descendente no trono de Israel" (1Reis 2.2-4).

Acredita-se que Salomão tinha cerca de 20 anos quando ascendeu ao trono de Israel. O menino havia crescido e precisava tornar-se o homem que estava destinado a ser. Foi quando Davi decidiu ter uma conversa franca com ele sobre a realidade da vida adulta; e o seu conselho não se limitou a orientações práticas a respeito de hombridade. Ele era um homem segundo o coração de Deus (cf. Atos 13.22), que conhecia o Senhor e compreendia a importância de uma vida rendida a Ele. Por isso, disse a seu filho para obedecer ao Altíssimo, pois assim teria êxito em tudo o que fizesse. Ele estava ensinando que as promessas divinas são condicionais; seu cumprimento depende da obediência a certos preceitos. Há bênção para quem obedece e maldição para quem não o faz (cf. Deuteronômio 11.26-28).

Nos versículos seguintes do capítulo 2 de 1Reis, Davi relembra Salomão das transgressões de dois homens: Joabe, responsável por matar Abner e Amasa de forma traiçoeira, e Simei, que havia amaldiçoado o rei durante a rebelião de Absalão. Davi instrui seu filho a fazer com que Joabe recebesse a punição adequada por seus crimes (cf. 1Reis 2.5-6) e, embora tivesse jurado não matar Simei, aconselha Salomão a manter vigilância sobre ele e a encontrar uma forma de aplicar a justiça apropriada sem violar o juramento feito anteriormente (cf. 1Reis 2.8). Cremos que sua intenção era assegurar que ele compreendesse a importância de corrigir erros passados, expurgando a corrupção do reino. Assim, conseguiria garantir que a liderança de seu sucessor se iniciasse sobre bases sólidas e justas.

Após essa conversa, Davi faleceu (cf. 1Reis 2.10). A lição que tiramos da morte de um dos reis mais extraordinários da História é a constatação de que, embora você possa ser grande, poderoso, abundantemente rico e até mesmo integrante da linhagem do Messias, seu destino é a Eternidade. Talvez por isso seu filho escreveu no livro de Eclesiastes que é melhor ir a um velório do que a uma festa (cf. 7.2); a vida na Terra é passageira, tão rápida quanto uma estrela cadente cruzando o céu noturno. *Carpe aeternum*[2], Salomão diria a Horácio[3]; semeie no presente algo que ecoe na Eternidade.

2 Expressão latina que significa "aproveite a eternidade".

3 Horácio foi um dos mais proeminentes poetas da Roma Antiga. Ele é conhecido por suas "Odes", uma coleção de poemas líricos que exploram temas como amor, amizade, filosofia e a arte de viver. Horácio também escreveu "Sátiras" e "Epístolas", abordando questões sociais e morais de sua época com um estilo que mistura crítica sutil e humor inteligente. Sua famosa máxima "Carpe diem", encontrada na Ode 1.11, tem sido citada e reinterpretada ao longo dos séculos como um chamado para aproveitar o momento

Se nos questionassem sobre o que mais seria possível extrair dos conselhos do rei Davi, diríamos que implícito em suas palavras e história está o ensinamento de que o sucesso e a prosperidade provêm da graça de Deus. É fundamental ensinarmos nossos filhos a lidarem com o sucesso e o fracasso, bem como a gerir tudo o que lhes vier às mãos. No entanto, mais importante é compreenderem que, no fundo, muita coisa não se deve ao mérito pessoal. Eles precisam, sim, dedicar-se aos estudos e buscar sempre se aprimorar em todos os aspectos da vida, mas não devem esquecer-se de que tudo que temos é um favor divino, até mesmo a inteligência com que estudamos e trabalhamos.

Pais detêm a incumbência de desenvolver em seus filhos as qualidades necessárias para que possam se tornar adultos responsáveis. Caso contrário, continuarão a agir como crianças, o que é prejudicial tanto para eles mesmos quanto para a sociedade. É comum que jovens acreditem já saber de tudo e vejam seus pais como retrógrados ou desatualizados; e sabemos que lidar com tal percepção é um desafio. De todo modo, não podemos simplesmente impor nossas visões. Cada pessoa é única em sua subjetividade, possui um DNA exclusivo e uma criatividade dada por Deus, o que torna suas experiências e percepções singulares também.

A maturidade é um processo contínuo que se estende ao longo de toda a vida. Podemos observar o amadurecimento gradual de nossos meninos e meninas na maneira como lidam com seus erros e dificuldades. Enquanto caminham, temos de estar presentes para orientar conforme julgarmos necessário, por mais que às vezes discordem de nós, o que não é obrigatoriamente ruim. Nas conversas, é importante evitar a imposição de regras e não ditar comportamentos pelo simples fato de sermos pais.

presente. Seu trabalho foi valorizado por sua sabedoria e a elegância de sua métrica e estilística, consolidando-o como uma figura-chave na tradição literária latina.

Obviamente, desejamos que a postura de nossos filhos corresponda às nossas expectativas, mas isso deve ocorrer de forma natural, por meio do nosso exemplo e esclarecimentos. Esperar que eles concordem com tudo e obedeçam sem questionar não é um método eficaz de educação. Devemos nos atentar à maneira como os incentivamos a pensar e, por fim, tomar suas próprias decisões. Esse processo assegura que os princípios que ensinamos sejam, de fato, assimilados. Ou correremos o risco de que as lições sejam percebidas só como imposições que podem ser descartadas em algum momento, em vez de elementos fundamentais no desenvolvimento de indivíduos autônomos.

Não somos perfeitos nem precisamos ser, pois até nossas falhas desempenham um papel importante. Se Ellen, Nikolas e Lavigne acreditassem que somos irrepreensíveis, sentiriam uma pressão enorme para alcançar a mesma perfeição. Contudo, isso é impossível; consequentemente, acabariam frustrados por se perceberem incapazes de atingir esse ideal inalcançável. É bastante prejudicial quando nós, pais, tentamos esconder nossos defeitos ou não admitimos erros, pois isso transmite a mensagem de que nossos filhos também precisam ser infalíveis. Nossa verdadeira meta é sermos bem-sucedidos; e cremos que esse sucesso se revela quando aqueles que nos sucedem são melhores do que nós mesmos. Esperamos que cada geração vá além do que a anterior e continue a elevar o padrão.

Não é por acaso que a Palavra do Senhor compara os filhos a flechas nas mãos de um guerreiro (cf. Salmos 127.4). A analogia costuma evocar a imagem de longas distâncias sendo alcançadas, mas há um ponto interessante que antecede a projeção da flecha: quanto mais forte é a tensão no arco, maior a força com que ela é lançada. A aproximação do objeto ao peito do arqueiro simboliza a importância de trazermos nossos filhos para perto de nós antes de, no momento certo, dar-lhes a liberdade de serem impulsionados para a vida. Assim como as flechas não são feitas para permanecerem guardadas na aljava, eles não são criados para ficar sob nossa proteção. Devem ser preparados para sair de casa, e precisamos permitir que amadureçam, casem-se, cumpram o propósito de Deus, encarem o mundo, etc.

Nikolas lidou com um desafio difícil ao entrar na faculdade: sua fé colidiu diretamente com as narrativas predominantes do mundo acadêmico. Lembro-me de ser um período de confronto para ele, que se viu na necessidade de defender aquilo em que crê. Inúmeras vezes o vi voltar da faculdade em lágrimas devido à hostilidade do ambiente. No entanto, esse choque aguçou um chamado que já existia dentro de seu coração e confirmou o caminho que deveria seguir em sua vida espiritual e pessoal.

Havia dias em que estávamos sentados à mesa e, de repente, ele descobria uma manifestação na cidade. Imediatamente, planejava ir ao local, pedia ajuda a uns amigos para filmar os acontecimentos e saía de casa. Eu ficava com o coração na mão, mas a única coisa que podia fazer era me retirar para meu quarto e buscar conforto no Senhor. ***Há momentos em que falamos de Deus para nossos filhos, mas também há momentos em que falamos com Deus sobre eles.***

Nesse período, tornou-se evidente para mim e Edésio que estávamos diante do chamado de Nikolas. Apesar dos nossos medos e apreensões, sentimo-nos confiantes em oferecer suporte a ele para seguir em frente. Porém não fazíamos isso às cegas, foi necessário bastante cuidado e orientação, pois ainda havia certa imaturidade e impulsividade nele, típicas da juventude. Às vezes, ele vinha com ideias, e nós tínhamos que intervir para ajudá-lo a pensar um pouco mais.

Em certas ocasiões, ele recuou em coisas aqui, ponderou outras ali, por conta de nossos conselhos. Em outras, apesar de nossos receios, decidiu seguir adiante com suas ideias. Faz parte, e não há como escapar da hora em que cada filho passa a ter autonomia para realizar suas próprias escolhas. Mesmo que proporcionemos uma educação adequada podem, como indivíduos livres, optar por caminhos que não consideramos serem os melhores.

Cada ser humano possui sua liberdade, e como pais desempenhamos nosso papel de instrutores, mas não somos totalmente responsáveis pelos caminhos que nossos filhos percorrem. Nossa função é ajudá-los a descobrir o chamado do Senhor para sua vida, sem interferir ou pressionar para que mudem seus rumos de acordo com nossas expectativas. Eles vieram à Terra por um motivo específico, e não podemos impedi-los de cumprirem seus destinos.

Pastora Ruth

Uma perspectiva que muda tudo é a de que nossa vida deve ser cristocêntrica. Ou seja, Jesus precisa estar no centro de todas as coisas, e Sua vontade prevalecer sobre a nossa. Deus nos ofereceu a ocasião perfeita para ensinar essa verdade aos nossos filhos quando tivemos a oportunidade de morar um tempo na França. Foi uma situação inusitada, especialmente devido à generosidade da empresa em que trabalhava, que convidou toda a minha família a se mudar para lá e arcou com todas as despesas, até as educacionais, para nossos filhos.

Nikolas, apesar das dificuldades com o idioma e a integração com seus colegas na França, descobriu uma maneira de conectar-se com eles: pelo futebol. Seu talento no esporte facilitou sua aceitação entre os colegas e abriu portas para possibilidades incríveis. Ele começou a participar de campeonatos e teve a chance de viajar por países próximos como Holanda, Bélgica, Inglaterra e Dinamarca. Imagine um menino de apenas 10 anos vivendo tudo isso.

Quando a empresa me ofereceu a opção de permanecer na França ou retornar ao Brasil, Ruth e eu nos deparamos com uma escolha difícil. Poderíamos viver em um país de primeiro mundo, com todas as despesas pagas por uma empresa multinacional e um salário que certamente traria vantagens para nossa família. Contudo, tínhamos responsabilidades no Brasil, como nossa igreja, que havíamos deixado sob a liderança de outra pessoa durante a estadia no exterior. Precisávamos considerar todos esses fatores para ter a resolução certa.

Naquele momento decisivo, optamos por voltar ao Brasil para reassumir a igreja em Cabana, pois sentíamos que essa era nossa missão e chamado. Foi doloroso ver Ellen e Nikolas enfrentarem a frustração de ter de deixar para trás tudo que haviam conquistado na França. Porém, tivemos a chance de tomar uma decisão cristocêntrica, focada no que é eterno e alinhada ao nosso propósito na Terra.

Pastor Edésio

Não temos um conhecimento sobre o futuro, mas confiamos no que a Palavra afirma em Romanos 8.28: "[...] todas as coisas contribuem juntamente para o bem de todos aqueles que amam a Deus, dos que foram chamados de acordo com o seu propósito". Se amamos ao Senhor e estamos comprometidos com o propósito que Ele nos designou, o Espírito Santo nos conduzirá às decisões corretas.

Ellen, por exemplo, encontrou-se diante de uma situação decisiva. Quando seu filho nasceu, começou um novo capítulo em sua vida, e ela escolheu deixar sua carreira profissional para dedicar-se ao cuidado dele. Não foi fácil, mas, para nossa filha, era infinitamente mais importante focar na formação do ser humano que Deus lhe havia confiado para educar do que em qualquer outra atividade. Hoje a vemos desempenhar seu papel de esposa e mãe com uma competência até superior ao que viu em casa, e isso nos faz sentir pais bem-sucedidos. Ela priorizou seu filho porque o mesmo foi feito com ela e seus irmãos. Logo, ela sabe o impacto dessa atitude em sua própria vida e a replicou para seu pequeno Isaac.

Uma vez, Nikolas mencionou uma frase que resume perfeitamente a criação de filhos: "A vida não é uma corrida de 100 metros; é uma maratona"[4]. O desenvolvimento humano não é rápido ou imediato, mas começa desde a infância. Quando meninos e meninas atingem a juventude, já foram moldados desde cedo, e qualquer decisão que venham a tomar é mais uma etapa em um processo que já vem acontecendo ao longo do tempo. E gostaríamos de trazer uma referência bíblica para complementar nosso ponto:

> Davi pensava: "O meu filho Salomão é jovem e inexperiente, e o templo que será construído para o SENHOR deve ser extraordinariamente magnífico, famoso e cheio de esplendor à vista de todas as nações. Por isso, deixarei tudo preparado para a construção". Assim, Davi deixou tudo preparado antes de morrer (1Crônicas 22.5).

Antes de morrer, Davi se preocupou em deixar tudo encaminhado para Salomão liderar a construção do templo. Com muito esforço, providenciou 3.500 toneladas de ouro, 35 mil toneladas de prata, grande quantidade de bronze e ferro, mais do que se pode calcular, além de madeira e pedra (cf. 1Crônicas 22.14). Também encorajou os líderes de Israel a ajudarem seu filho nesta edificação e, por fim, organizou todos os grupos de trabalhadores, desde os encarregados até os artífices, para que tudo estivesse pronto quando Salomão iniciasse o trabalho. Se nós, pais, sabemos da falibilidade humana e que nossos dias na Terra são finitos, desde o momento em que nos propomos a ter filhos, devemos iniciar a preparação para o propósito que a criança cumprirá.

Preparar a chegada de um bebê envolve diversas etapas: organizar o quarto, selecionar o enxoval, a roupa para a saída da maternidade, etc. Porém, o cuidado dos pais não se limita a esses momentos iniciais, estende-se por toda a vida, e a transição para a vida adulta suscita nos dois a preocupação com o futuro de seus filhos, especialmente no

[4] A autoria da frase é desconhecida. Embora amplamente citada, não há consenso sobre sua origem específica.

que diz respeito à constituição de suas famílias. É dever dos pais prepará-los não apenas para a escolha dos cônjuges como também para fugirem das tentações e permanecerem firmes contra as armadilhas do Diabo (cf. 1Pedro 5.8; Tiago 4.7), preservando um compromisso com a santidade (cf. 1Tessalonicenses 4.3-5).

Esperamos que optem por alguém temente a Deus, e orar por isso é, sem dúvida, essencial. No entanto, nossa intenção como pais intercessores não deve ser pedir por uma pessoa "perfeita" ou conforme queremos. A oração é um ato de entrega e confiança em Deus, pois a Ele damos a condução da vida de nossos filhos. Estabelecer vínculos, formar família e criar os pequeninos demanda responsabilidade, renúncia e a capacidade de lidar com insatisfações. Contudo, vivemos em uma época na qual impera o individualismo e um baixo limiar de frustração.

Sendo assim, as decisões são frequentemente baseadas em um ideal de liberdade cada vez mais disseminado, com o entendimento de que ser livre denota fazer tudo o quiser e não se comprometer com nada, o que resulta em relações superficiais e efêmeras. Mais recentemente surgiu uma tendência de relacionamentos denominada "agamia"[5], que se baseia na falta de interesse em firmar um relacionamento em nome da tal "liberdade". Encontramos na filosofia algumas análises da variável em questão que ultrapassam sua acepção etimológica. Segundo Sartre[6], somos seres livres e capazes de decidir o que efetuar, mas isso implica uma responsabilidade total por nossas atitudes, pois arcamos com suas consequências.

A Bíblia nos mostra que, devido à nossa natureza pecaminosa, a "liberdade" de atender a todos os nossos desejos é, paradoxalmente,

5 Agamia (do grego ἀ *a*, "não" e γάμος *gamos*, "consorte") é um modelo relacional que consiste na não formação de casais ou casamentos.

6 Jean-Paul Charles Aymard Sartre foi um filósofo, escritor e crítico francês existencialista. Entre suas obras mais influentes estão *O ser e o nada* e a peça teatral "Entre quatro paredes". Sartre também foi notado por sua rejeição do Prêmio Nobel de Literatura em 1964, uma decisão fundamentada em sua crença de que um escritor deve recusar qualquer honra que possa institucionalizá-lo.

uma escravidão: "Prometendo-lhes liberdade, eles mesmos são escravos da corrupção, pois o homem é escravo daquilo que o domina" (2Pedro 2.19). Ou seja, a liberdade que o mundo oferece é uma promessa vazia. A escolha por viver segundo a Palavra de Deus é o que, de fato, liberta (cf. Romanos 8.32), pois "o mundo e os seus maus desejos passam, mas aquele que faz a vontade de Deus permanece para sempre" (1João 2.17). É justamente isso que precisamos ensinar a nossas crianças, adolescentes, jovens e adultos: a realizar escolhas sábias.

Filhos jamais deixam de ser filhos, independentemente da idade. Em todas as fases nós devemos estar presentes. O homem e a mulher que abraçam a missão da paternidade e maternidade com dedicação e amor lançam fundamentos sólidos para que seus filhos se tornem adultos íntegros e conscientes de seus papéis na sociedade.

Pastor Edésio e Pastora Ruth

7

“Quanto mais recolhido for cada um e mais simples de coração, tanto mais sublimes coisas entenderá sem esforço, porque do alto recebe a luz da inteligência.”

Tomás de Kempis

Nem tudo são flores

Imagino que seja comum pais de primeira viagem se desesperarem em certa medida quando a paternidade ou maternidade bate à porta. Não os julgo; também tive minhas inquietações quando me dei conta de que criar a Aurora exigiria mais do que apenas atenção, companhia para brincar, ajuda com as tarefas escolares, correção, etc. O frenesi começa bem antes do nascimento; para mim, foi uma mistura de buscar informações sobre a gestação da esposa, parto, cuidados com bebê e tentar absorver o que é mais importante.

Nas últimas semanas da gravidez da Lívia, fiquei apreensivo sobre como agiria ao longo do crescimento de nossa filha. Por essa razão, decidi dedicar um tempo a leituras sobre educação e me informar ao máximo; após pesquisar bastante e conversar com minha esposa, estabelecemos alguns pontos. Optamos por restringir o acesso a telas em seus primeiros anos de vida, por ser prejudicial para o desenvolvimento infantil. Li que crianças menores de 2 anos não devem ter contato com tela nenhuma, e as que têm entre 2 e 5 anos podem no máximo uma hora por dia. De 6 a 10 anos, o limite já é de até duas horas diárias, e adolescentes devem evitar o uso de telas por mais de três horas diárias[1].

Também conversamos sobre a necessidade de sermos cautelosos com questões como passar a noite na casa de amigas, participar de acampamentos escolares e afins. Nossa principal preocupação é garantir a segurança da Aurora. Porém sabemos que certas experiências serão, sim, fundamentais para seu amadurecimento, assim como foram para o nosso. Afinal, a vida nos apresenta situações que nos moldam de maneiras inesperadas. Hoje, já percebo que o desafio será encontrar o equilíbrio entre proteger e permitir que ela explore o mundo por si mesma, o que ela acabará fazendo em algum momento. Cercar demais talvez seja ruim, enquanto dar liberdade excessiva a expõe a riscos desnecessários.

Um milhão de coisas passam pela cabeça; você já pensa em qual idioma deseja que sua filha aprenda a falar e se terá interesse por algum esporte. E, claro, imaginamos qual carreira ela escolherá futuramente. Há tanto sob nossa responsabilidade que, às vezes, sentimos como se fôssemos sucumbir ao peso em nossos ombros. Mas toda essa apreensão apenas prova o quanto a amamos e nos importamos com cada detalhe de sua vida.

Desejo que minha menina, por exemplo, expresse feminilidade e possa ser a mulher que o Senhor a criou para ser: delicada, atenciosa e sábia. Quero que abrace suas qualidades com orgulho e tenha confiança para ser firme e corajosa, ao mesmo tempo que mantém sua graça e gentileza. Se tivermos um filho, que ele abrace sua masculinidade e seja um homem íntegro, capaz de encarar o mundo sem medo.

Acima de tudo, minha oração é para que nossos filhos temam ao Senhor e O amem do modo que a Bíblia nos ensina: "[...] com todo o seu coração, com toda a sua alma e com todas as suas forças"

[1] SOCIEDADE BRASILEIRA DE PEDIATRIA. **Menos Telas, Mais Saúde**. Disponível em: <https://www.sbp.com.br/fileadmin/user_upload/_22246c-ManOrient_-__MenosTelas__MaisSaude.pdf>. Acesso em: 15 maio 2024.

(Deuteronômio 6.5). Sonho que um dia a Aurora e seus futuros irmãos sejam chamados amigos de Deus, assim como Abraão foi (cf. Tiago 2.23). Para mim, esse é o maior legado que posso deixar para minha casa: uma vida de fé e devoção, em que o apreço por Jesus e o compromisso com os preceitos espirituais sejam a base de sua existência.

Claro que ficaremos extremamente felizes em ver nossa filha se desenvolvendo em diversas áreas. No entanto, acredito que o principal é ensiná-la a olhar para a Eternidade, pois estamos aqui na Terra de passagem (cf. Filipenses 3.20-21). Iremos conviver com coisas efêmeras, é inevitável. Só que o maior anseio que Lívia e eu temos é cultivar em nossa menina um amor pelas coisas do Alto (cf. Colossenses 3.2); afinal, "tudo que não é eterno está eternamente ultrapassado"[2].

Após uma infinidade de pensamentos e diversos momentos de ansiedade, de repente sua filha está em seus braços e tudo muda. A preparação, por mais exaustiva que tenha sido, não parece ser suficiente para captar a intensidade desse acontecimento. Inicia-se, então, uma nova rotina: noites mal dormidas, a alimentação do bebê, as trocas de fraldas e assim por diante. Do nada, sua ficha cai mais uma vez e você percebe que cada atitude sua será observada por essa criança, pois, de modo geral, filhos aprendem com seus pais por meio da imitação.

Com o convívio, passam a replicar comportamentos e até emoções que veem no dia a dia sem que lhes sejam explicitamente ensinados. Também pode acontecer de decidirem se portar de maneira oposta à dos pais, como uma reação a traços que julgam negativos. Obviamente, a última coisa que quero é ser visto pela minha filha como uma má referência; desejo que ela encontre em mim alguém em quem possa confiar e se espelhar.

Contudo, como diz a expressão popular, nem tudo são flores. Educar uma pessoa desde a infância até a vida adulta é realmente desafiador. O trabalho que dei a meu pai e minha mãe em certas ocasiões

[2] LEWIS, C. S. **Os Quatro Amores**. Rio de Janeiro: Thomas Nelson Brasil, 2017. p. 125.

confirma isso. Jamais esquecerei o dia em que cometi a imprudência de emprestar uma camiseta do meu uniforme para meu primo, para que ele pudesse entrar comigo na escola sem autorização. Não lembro ao certo por que fiz isso, mas sei que foi uma infração grave, e a diretora ficou extremamente furiosa.

Ela disse que aquilo não poderia acontecer de forma alguma, pois, embora nesse caso se tratasse de alguém conhecido, uma atitude dessas coloca a segurança dos alunos e funcionários em risco. Meus pais foram chamados à diretoria, e a responsável mencionou que uma das medidas cogitadas era chamar a polícia para nos dar uma bronca. Meu primo e eu estávamos ouvindo a conversa quando, de repente, meu pai disse: "Acho que a senhora deveria chamar um oficial sim". Naquela hora, fiquei desesperado. Meu primo, então, nem se fala; ele já era maior de idade e teria chance de ser preso.

Acionaram a polícia, e um coronel apareceu. Ele conversou conosco em particular e, graças a Deus, ninguém foi para a delegacia. Depois, quando achei que tudo estava resolvido, meu pai disse: "Acho que a senhora deveria usar isso de maneira didática para os outros estudantes. Faça o Nikolas passar de sala em sala pedindo desculpas pelo erro que cometeu". Lá fui eu, em todas as classes, contando o que aconteceu. O pessoal já sabia da história, então assim que eu chegava, os alunos do "fundão" já começavam a rir. Foi um tanto vergonhoso, mas nessa situação tive a chance de lidar com uma autoridade policial pela primeira vez. Contudo, o que de fato me marcou foi a postura do meu pai; ele poderia ter tentado me livrar do problema, porém preferiu que eu enfrentasse as consequências dos meus atos.

Lembrar dessa situação me faz refletir sobre qual seria minha atitude. Já me peguei imaginando como tratar as birras e a teimosia da Aurora na infância. Depois, haverá a influência dos amigos e da mídia na adolescência, questões relacionadas à autoimagem, pressão dos colegas de escola, além do uso de tecnologias e redes sociais. Não há como saber se, em algum momento, sua filha questionará sua autoridade e a de sua esposa. Porém, a Palavra do Senhor nos conforta ao afirmar: "Se algum de vocês tem falta de sabedoria, peça-a a Deus, que a todos dá generosamente sem reprovar ninguém, e lhe será concedida" (Tiago 1.5).

Existe uma responsabilidade imensa nas mãos do homem e da mulher que concebem uma vida. Educá-la vai muito além de cuidar de um ser frágil como se fosse uma boneca. Cada palavra, gesto e escolha dos pais molda o comportamento, as emoções e a visão de mundo que ela apresentará. Esse pequeno ser humano que crescerá sob sua custódia terá sonhos, sentimentos e competências diretamente influenciados pelo seu ambiente familiar. Não é uma brincadeira de casinha, mas a construção de uma base para o futuro de uma alma eterna que foi criada pelas mãos do Senhor.

Nikolas Ferreira

Nada é mais gratificante do que ver os filhos crescerem e tornarem-se pessoas íntegras, com uma vida estruturada e bem-resolvida. Todo pai e mãe gostaria de fazer suas as palavras de João: "Não tenho alegria maior do que ouvir que os meus filhos vivem na verdade" (3João 1.4). Ao vê-los recém-nascidos, um misto de emoções invade o nosso coração: entusiasmo, esperança, amor e tantas outras. Cada momento gera o anseio de que esses pequenos seres trilhem um caminho abençoado, livre das adversidades e armadilhas da vida. Entretanto, sabemos que obstáculos são inevitáveis e nem sempre será possível proteger nossos filhos. Além do mais, lutar e aprender com as próprias experiências faz parte da vida.

Mesmo assim, logicamente, não os deixaremos à deriva. Conforme crescem, somos responsáveis por estabelecer regras, fazer correções e amar, apesar dos pesares – rebeldia, pirraças e desobediência. Não existe uma fórmula mágica para o sucesso, pois estamos lidando com a criação mais imprevisível que existe sob o céu, que é o ser humano.

Somos o espelho de seu futuro: se formos amáveis, sinceros e organizados, eles provavelmente serão também. Imagine o cenário se nos mostrarmos o oposto disso. É fato que nossa conduta têm um impacto sobre eles. Antes de tornarem-se homens e mulheres adultos, passam por nós; nosso exemplo e educação influenciam o modo como percebem a vida e a si mesmos.

David Wilkerson[3] descreve uma situação intrigante em seu livro *Parents on Trial* (Pais em julgamento). Durante uma década, ele lidou com uma média de seiscentos adolescentes viciados em drogas e um número ainda maior de delinquentes por ano[4]. Ele escreve que também passou tempo com os responsáveis por aqueles meninos e meninas na tentativa de identificar possíveis falhas que poderiam ter contribuído para tal situação precária. Ao entrar em contato com eles, descobriu que quase todos alegavam ter feito de tudo pelos filhos.

Ele ouviu uma parte da história e, em seguida, foi conversar com os menores. Perguntou-lhes o que supunham que seus pais poderiam ter feito para evitar que vivessem uma vida tão complicada e infernal. A resposta foi quase unânime: disseram que o grande erro foi a permissividade. Um deles até comentou: "Se minha mãe me amasse, teria me proibido de andar com certas pessoas na minha infância e adolescência". Outros relataram que seus pais até os repreendiam, mas de forma inconsistente, pois logo depois voltavam a cuidar de seus afazeres, sem dar continuidade às correções.

Muitos negligenciam a correção por medo de perder o amor dos filhos. Entretanto, vale destacar que a disciplina produz o respeito, que

[3] David Wilkerson foi um pastor cristão evangélico americano e fundador da Times Square Church, em Nova York. Ele é amplamente conhecido por seu trabalho de evangelização e recuperação de dependentes químicos e gangues, especialmente por meio do livro *A cruz e o punhal*, que narra suas experiências em Nova York, e a fundação do Teen Challenge, um programa de reabilitação cristã. Sua influência se estendeu além de seu ministério e impactou inúmeras vidas com suas mensagens de esperança e transformação espiritual.

[4] WILKERSON, David. **Parents on Trial**. New York: Hawthorn Books, Inc., 1970. p. 7.

precede o amor. Wilkerson chegou à conclusão de que a condescendência com que aqueles pais trataram seus filhos, na tentativa de evitar a rebeldia, na verdade, a instigou. É comum observarmos como pai e mãe muitas vezes falham ao tentar fazer o certo. Em vez de aplicarem a devida censura, optam por demonstrar extrema aceitação e uma paciência sem medidas.

Depois, dizem: "Fiz tudo o que pude", mas o problema às vezes se encontra justamente em terem feito tudo, até o que não deveriam. Não sustentam a correção porque não suportam ver o filho sofrer, passar pela dor da frustração ou ficar triste. De fato, nenhuma disciplina parece motivo de alegria a princípio, mas depois "[...] produz fruto de justiça e paz para aqueles que por ela foram exercitados" (Hebreus 12.11). Ou seja, o resultado não vem imediatamente; para que ele se manifeste é necessário permitir que a criança ou adolescente passe pela jornada que lhe cabe.

Educar sempre foi desafiador, em especial porque a adaptação de cada um pode ser difícil. Não se esqueça de que o filho não é uma extensão do corpo dos pais. O cordão umbilical foi cortado e ele já se tornou uma pessoa distinta. Portanto, pai e mãe devem estar preparados para superar dificuldades ao longo do processo educativo com sensatez, pois são eles a quem as crianças procuram para obter ajuda e orientação.

Essa questão nos remete a uma frase frequentemente promovida por alguns adeptos do "evangelho fácil", que afirmam: "ame mais, julgue menos". Sugerem que a Igreja deve abster-se de qualquer julgamento e focar apenas no amor. Infelizmente, essa ideia tem repercutido nos lares também, onde pais acabam fazendo vista grossa para os erros de seus filhos. No entanto, precisamos nos atentar ao que está escrito em Deuteronômio 21.18-21:

> Se um homem tiver um filho obstinado e rebelde que não obedece ao seu pai nem à sua mãe e não os escuta quando o disciplinam, o pai e a mãe o levarão aos líderes da comunidade, à porta da cidade, e dirão aos líderes: "Este nosso filho é obstinado e rebelde. Não nos obedece! É glutão e vive bêbado". Então, todos os homens da cidade o apedrejarão até a morte. Eliminem o mal do meio de vocês. Todo o Israel saberá disso e temerá.

Esses versículos, dirigidos à sociedade israelita do Antigo Testamento, demonstram a grande influência e responsabilidade das figuras de pai e mãe em ensinar as crianças de sua casa a serem obedientes. Se não conseguissem cumprir tal tarefa, deviam levá-las aos líderes da comunidade para resolver a situação e eliminar a rebeldia; no caso, do meio de Israel. Claro que a passagem se refere ao período da Lei. No Novo Testamento, Deus não recomenda a eliminação de filho rebelde nenhum, mas o princípio em questão – a honra e a obediência dos filhos aos seus pais – é legitimado na nova aliança.

Logo, podemos extrair uma lição valiosa do texto de Deuteronômio. Pensando em nossa realidade, quando pais não conseguem tratar com os seus, em vez de ignorar a situação, precisam buscar auxílio de alguém mais capacitado, seja pela experiência, seja pela educação, antes que seja tarde demais. Muitas vezes, a dificuldade em corrigir o comportamento das crianças reflete problemas dos próprios adultos.

Talvez tenham sido impulsivos, teimosos ou agressivos durante sua infância ou adolescência e, agora, não suportem ver a mesma conduta em seus filhos. Em virtude disso, reagem de modo exagerado a qualquer indício de temperamento forte, deixando de abordar as situações com maturidade e equilíbrio. Ao se depararem com traços de personalidade que julgam ser problemáticos, sentem uma urgência em corrigi-los imediatamente, nem sempre da melhor maneira.

Fazendo isso, acabam suprimindo características que, quando bem geridas, tendem a ser benéficas no futuro.

Atuo como psicólogo há alguns anos e, durante minha experiência clínica, observei uma situação recorrente: pais traziam seus filhos para consulta e, após dois ou três atendimentos, concluíamos que eles próprios também precisavam de terapia. As questões apresentadas pela criança geralmente estavam mais relacionadas ao comportamento dos adultos do que a ela mesma. Esse entendimento pode ser um divisor de águas para os pais. Se a criança é agitada, faz birra ou se mostra rebelde, provavelmente está reagindo a algo que observa em casa.

Se considerarmos a premissa de que o coração humano é perverso, entenderemos que nossos pequeninos já nascem em pecado. Davi declara em Salmos 51.5: "Eu nasci na iniquidade, e em pecado me concebeu a minha mãe" (NAA). Desde a Queda no Jardim do Éden, a humanidade carrega a marca do pecado, e essa natureza corrompida é a raiz das nossas falhas e imperfeições. No entanto, a Bíblia também nos revela a verdade de que onde abundou o pecado, superabundou a graça de Deus (cf. Romanos 5.20).

Sendo assim, é possível fazer uma analogia: onde houver abundância de rebeldia, pais podem ser instrumentos do Senhor para educar a criança e promover uma superabundância de obediência. À medida que ela crescer, desenvolverá e aprimorará seus traços, pois, em vez de sufocar seu temperamento e personalidade, seu pai e sua mãe encontrarão meios de cultivar essas características de forma positiva.

Pastor Edésio

Acreditamos que nenhum pai ou mãe em sã consciência renunciaria a seus pequeninos por causa de percalços em sua criação. Contudo, é necessário quebrar o ciclo vicioso de certas atitudes e reações. Frequentemente, repetem em seu próprio lar o que foi feito com eles quando eram pequenos, seja punindo ou cedendo demais. Se os filhos agem de modo inadequado em um ambiente externo, é porque fazem a mesma coisa em casa. Eles não escolhem o ambiente para isso; trata-se de um comportamento habitual que costuma funcionar. Portanto, não têm culpa, pois apenas replicam uma estratégia que lhe traz resultados.

Um bebê, por exemplo, não sabe falar, mas faz associações. Ele percebe que, ao chorar, a mãe vem e atende às suas necessidades. Então, continua chorando quando precisa de algo, pois já entendeu que isso funciona. Uma criança maior, que ainda não tem recursos para se comunicar de um jeito mais elaborado, testará maneiras de ter suas demandas atendidas. Esse é o momento de manejar a situação e atentar-se ao que ela está comunicando, mesmo que sem palavras. Não devemos repetir o erro dos familiares da menina em Atos 12.13-16 e ignorar uma criança simplesmente por conta da sua idade:

> E, batendo Pedro à porta do pátio, uma **menina** chamada Rode saiu a escutar. E, conhecendo a voz de Pedro, de alegria não abriu a porta, mas, correndo para dentro, anunciou que Pedro estava à porta. E disseram-lhe: "Estás fora de ti". Mas ela afirmava que assim era. E diziam: "É o seu anjo". Mas Pedro perseverava em bater, e, quando abriram, viram-no e se espantaram (ARC – grifo nosso).

Caso fosse um adulto, todos provavelmente teriam lhe dado ouvidos, mas como era uma menina, ninguém se importou com suas palavras. Esse registro nos chama a atenção para uma das grandes dificuldades na criação de filhos: a falta de disposição para ouvir o que uma criança diz. Ela pode ainda não ter recursos suficientes para verbalizar o que quer, porém busca o olhar dos pais. Talvez esteja pedindo socorro ou ajuda para lidar com algo complicado, e isso manifesta-se no comportamento. Nossos pequeninos se comunicam por meio de suas ações. Por essa razão, precisamos escutar o que não é verbalizado, a olhar em seus olhos e perguntar: "O que está acontecendo? Quero entender o que você está sentindo e pensando".

Obviamente, nossa atenção e cuidado não se limitam à infância. Conforme crescem e enfrentam novos desafios na adolescência e, posteriormente, na vida adulta, a necessidade de um diálogo aberto permanece. Devemos acompanhá-los enquanto aprendem a encarar adversidades e encorajá-los a resolver problemas por si mesmos. Assim como uma mãe que decide entre manter seus filhotes no ninho ou ensiná-los a voar, temos a incumbência de preparar nossos filhos para enfrentarem as dificuldades de cabeça erguida.

Lembro de uma situação que envolveu o Nikolas na escola. É muito comum crianças terem conflitos por questões bobas. Certa vez, um menino grande e forte, de outra série, queria bater nele. Quando meu filho conversou comigo, eu disse: "Você não deve brigar com ninguém, mas também não pode permitir que o menino bata em você". Ele respondeu: "Mas, pai, ele é bem mais forte do que eu. O que fazer?". Minha sugestão foi: "Não ande sozinho. Na escola, eu era o menor da sala, mas nunca me bateram porque tinha amizade com os mais fortes da turma. Se alguém quisesse mexer comigo, teria de enfrentá-los também".

Dei essa dica porque não estaria com ele o tempo todo, todos os dias da semana, e queria garantir que ele saberia se proteger estrategicamente. Nikolas seguiu meu conselho e acabou não apanhando. Ele fez amigos nos primeiros anos de escola que estão com ele até hoje, porque soube reconhecer a importância dessas alianças. Às vezes, depois da escola, parava o carro discretamente, para que ele não me visse, e observava o movimento. Todos os dias em que fui, não houve nenhuma briga ou confusão; ele entrava na van e ia para casa. Quando lhe contei isso, ele disse: "Pai, por que o senhor não me avisou? Poderia ter vindo para casa com o senhor". Respondi: "Não, estava ali somente observando, quem precisava enfrentar aquela situação era você".

Nossos filhos precisam encarar o mundo, mas certamente não os jogaremos no covil dos leões para se virarem sozinhos. Estaremos por perto, prontos para intervir se necessário. Graças a Deus, o episódio foi apenas uma questão infantil e nada mais. Todos nós passamos por situações semelhantes durante os anos escolares; algumas crianças nos admiram, enquanto outras nos odeiam, talvez por motivos que desconhecemos.

Pastor Edésio

Lavigne também viveu tempos angustiantes na escola. Ela chegava a casa chorando e dizia: "Mãe, uma menina não para de falar mal de mim. No recreio, fico sozinha porque ela está convencendo todo mundo a não conversar comigo". Expusemos a questão à coordenação, e a professora até fez uma intervenção, mas o problema continuou de forma mais sutil. Foi muito difícil para Lavigne lidar com isso. Durante esse período, ela chegou a pedir para mudar de escola, mas dissemos: "Filha, essa não é a solução. Provavelmente, haverá outras alunas com comportamentos semelhantes em outros lugares também".

Um caso como esse traz uma oportunidade para aprender a não depender emocionalmente dos outros. Embora desejemos reconhecimento, não se pode depender disso, pois ninguém é obrigado a ser amigo de ninguém. Esse foi um momento importante para Lavigne, que entendeu que sempre haverá pessoas que não gostarão dela, e não é necessário sofrer por conta disso. Ela fez novas amizades e percebeu que podia escolher suas amigas em vez de tentar agradar a todos.

Pastora Ruth

Precisamos estar presentes, mas também permitir que nossos filhos lidem com as situações que sobrevierem. A superproteção não os levará a lugar algum. Devemos confiar nos ensinamentos que transmitimos a eles e, acima de tudo, em Deus, que cuidará de cada um o tempo todo. Isso se mostra especialmente válido na fase em que começam a tomar suas próprias decisões, quando nosso "sim" e "não" já não têm o mesmo peso de antes e o que nos resta é aconselhá-los.

Ao olharem para famílias cujos filhos se desviaram dos caminhos do Senhor, por exemplo, as pessoas costumam pensar que tiveram uma educação ruim ou que seus pais falharam em ensiná-los a terem autocontrole e discernimento. Porém a verdade às vezes é outra, e a Parábola do Filho Pródigo ilustra bem nosso ponto. Até mesmo aqueles que foram criados em um lar amoroso e temente a Deus podem, por impulsividade, querer aproveitar a vida e experimentar o que se oferece nesta Terra.

Ao ler a história contada por Jesus em Lucas 15, chegamos a nos perguntar se houve falha por parte do pai. Ele tinha dois filhos: um decidiu sair de casa e gastar sua herança, enquanto o outro permaneceu com sua família. Independentemente das circunstâncias, a atitude do pai nos ensina muito; e gostaríamos de apontar três ações que acreditamos serem basilares quando se trata de educação: a autoproteção, a preservação e a autoavaliação.

Desde os tempos mais remotos, o homem desenvolveu mecanismos de defesa para se **proteger** em ambientes hostis. No decorrer da História, esse instinto manifestou-se de várias maneiras, desde reações físicas imediatas, como lutar ou fugir, até a formação de comunidades e a criação de tecnologias para aumentar nossa segurança. **Preservar** recursos também se mostrou necessário para a sobrevivência. Em um mundo onde eles podem ser escassos e imprevisíveis, saber gerenciar e economizar é vital. Mas isso não se aplica apenas a bens materiais; também somos treinados a ser seletivos em como gastamos nosso tempo e esforço, pois assim evitamos o esgotamento físico e emocional.

Além disso, há outra ação tão importante quanto, e embora o texto não mencione nada explicitamente, é possível supor que o pai conseguiu ensinar seus filhos a se **autoavaliarem**. Ele não foi buscar o mais novo e levá-lo para casa; e pelo desfecho da história, percebemos que isso não se deve à falta de sensibilidade, raiva ou desejo de que o jovem se prejudicasse. O próprio filho percebeu seu erro e reconheceu que passou a viver em uma situação pior do que a dos empregados de seu pai.

Assim, ele decidiu: "Vou me levantar, voltar para o meu pai e dizer a ele: 'Pai, pequei contra o céu e contra ti'" (Lucas 15.18). Ele não jogou a culpa em outra pessoa – uma postura que contrasta com a que se vê na sociedade atual, que tenta nos convencer de que nada está errado conosco e que tudo acontece por causa dos demais. Ao assumir seu erro e tomar a decisão de retornar para casa, desconstrói qualquer narrativa de que sua partida tenha sido por falta de amor paterno.

Quando ele regressa, seu pai faz uma festa e demonstra uma alegria tão grande que até o outro irmão o questiona. O homem então diz algo extraordinário: "[...] Meu filho, você está sempre comigo, e tudo o que tenho é seu. No entanto, tínhamos que festejar a volta deste seu irmão e alegrar-nos, porque ele estava morto e voltou à vida, estava perdido e foi achado" (Lucas 15.31-32). Se um filho se desviar, precisamos crer que as sementes plantadas farão o senso de arrependimento florescer em sua vida, e ele seguir o caminho para casa. Nenhum de nós está imune a ver um filho distanciar-se do Senhor, mas temos a promessa de que a palavra de Deus não volta vazia (cf. Isaías 55.11).

O pai do pródigo não foi atrás dele, porém na parábola da ovelha perdida o pastor foi buscar a ovelha. Quando alguém se perde, os pais ficam angustiados, e embora possam fazer certas coisas que estiverem ao seu alcance, sobretudo interceder, quem realmente buscará o filho é o Senhor. Na parábola em Lucas 15, o jovem que saiu de casa recebeu a educação necessária para repensar sua decisão e se arrepender posteriormente. Filhos podem se afastar dos pais, mas é fundamental que tenham aprendido a ouvir a voz de Deus, porque se derem ouvidos ao Bom Pastor, encontrarão o caminho ao lar.

Sem dúvida, ter filhos é um investimento; e por mais que eles apresentem uma conduta adequada, que nos ouçam e sigam e temam ao

Senhor, não são perfeitos. Trata-se de seres humanos normais, sujeitos às fragilidades e suscetibilidades típicas de sua faixa etária. Passam pelas mesmas etapas de desenvolvimento que todos e possuem desejos e necessidades naturais em cada fase. Seu caminho está longe de ser um mar de rosas. Na verdade, é uma jornada repleta de altos e baixos, que testam sua resiliência e moldam seu caráter, assim como põem à prova nossa sabedoria e paciência. Os anos passam, porém uma coisa permanece: independentemente da idade, enquanto dão seus passos, tropeçam e se levantam, estamos sempre ao seu lado, acompanhando seus movimentos na medida que cada fase da vida requer.

Pastor Edésio e Pastora Ruth

8

“O que você deixa
para trás não é o
que está gravado em
monumentos de pedra,
mas o que está tecido
na vida dos outros.”

Péricles

O ciclo recomeça

Não é segredo nenhum que temos um tempo limitado na Terra até que nosso Pai Celestial nos tome para si. Eventualmente, iremos nos deparar com o momento irremediável da morte, e isso deve nos levar a pensar sobre a marca que deixaremos para trás. Não é possível prever o efeito de todas as nossas atitudes, por isso julgo ser necessário agir sempre com sensatez. Cada ação ou omissão, por menor que seja, pode desencadear consequências que impactam o mundo de formas que nem sempre conseguimos antever.

Meu avô, por exemplo, não fazia ideia de que sua decisão de se converter e fundar a Assembleia de Deus do Cabana desencadearia uma série de eventos que moldaria o destino de gerações em nossa família. Ele trouxe minha avó para Jesus, casou-se com ela e, juntos, se dedicaram a criar seus filhos na presença do Senhor. Assim, meu pai cresceu em um ambiente enraizado no Evangelho e, na igreja do meu avô, conheceu minha mãe ainda na infância. Os dois se reencontraram na juventude, casaram-se e, anos depois, minhas irmãs e eu nascemos. Seguimos a mesma trajetória de fé que, agora, meu sobrinho Isaac e minha filha Aurora também trilharão. Ou seja, a decisão de um homem no passado culminou em uma história de salvação.

De certo modo, essa lógica se relaciona com a história do martírio de Estêvão, um homem que escolheu seguir Jesus e pregar o Evangelho com ousadia e amor. Ele não sabia que sua morte fora assistida por Saulo, que depois se tornaria apóstolo de Cristo, conhecido como Paulo. Em Atos 7.54-60, lemos sobre como Estêvão, enquanto era apedrejado, viu Jesus à direita do Pai e pediu para que Ele não imputasse aquele pecado aos seus algozes. Essa cena mexeu com o jovem fariseu que estava presente e consentia com a sentença; mais tarde ele teve um encontro transformador com o Senhor no caminho para Damasco (cf. Atos 9.1-19). A postura de Estêvão no momento de sua morte, sem dúvida, plantou uma semente que contribuiu para a conversão de um dos maiores perseguidores da Igreja.

Tenho certeza de que esse mesmo Paulo jamais imaginaria que suas cartas enviadas às igrejas de sua época ofereceriam orientação teológica, moral e prática aos seguidores de Cristo ao longo de séculos. Cada um dos 12 discípulos escolhidos por Jesus também teve um papel crucial na propagação inicial do Evangelho. A partir deles, a Verdade se espalhou pelo mundo. Porém sua disseminação não dependeu só dos nomes mencionados no Novo Testamento. Eu e você podemos ler os quatro evangelhos, as epístolas e todos os livros do Antigo Testamento porque no século 16 Martinho Lutero[1], William Tyndale[2] e outros grandes nomes acreditaram que cada cristão deveria

[1] Martinho Lutero foi um monge agostiniano, professor de teologia e figura central da Reforma Protestante. Sua afixação das 95 Teses na porta da Igreja do Castelo de Wittenberg é frequentemente citada como o início da Reforma. Lutero advogou pela centralidade das Escrituras e pela fé individual como caminho para a salvação. Sua tradução da Bíblia para o alemão tornou a Palavra acessível a um público mais amplo, o que promoveu a alfabetização e o estudo pessoal da Bíblia.

[2] William Tyndale foi um estudioso e teólogo inglês que traduziu a Bíblia para o inglês a partir dos textos originais em hebraico e grego. Sua tradução foi a primeira a ser impressa na Inglaterra e se tornou a base para muitas traduções posteriores, incluindo a famosa Bíblia do Rei Jaime. Tyndale foi perseguido pela Igreja e pela coroa inglesa por suas atividades, sendo eventualmente capturado e executado em 1536. Seu legado perdura, com muitas de suas expressões ainda presentes nas versões modernas da Bíblia.

ter acesso às Escrituras em sua própria língua. Foi a convicção deles que impulsionou as traduções e, posteriormente, a impressão da Bíblia em maior escala; assim a Palavra de Deus chegou até nós.

Hoje, você pode ler Gênesis 22, capítulo que descreve como Deus testou a fé de Abraão ao lhe pedir que sacrificasse Isaque em Moriá. O texto narra que, sem hesitar, o pai da fé começou a preparar o necessário para o holocausto. Ele ouviu o pedido do Senhor e, no início da manhã seguinte, selou seu jumento, chamou dois de seus servos e começou a jornada de três dias até a região indicada. Suponho que, durante esse tempo, ele possa ter questionado o motivo do pedido divino, mas não voltou atrás. Ao avistar o lugar de longe, instruiu os servos a aguardarem e subiu o monte com Isaque.

Ele construiu um altar, em seguida amarrou seu filho e o colocou sobre as pedras. Quando estava prestes a sacrificá-lo, um anjo do Senhor chamou seu nome duas vezes e disse: "Não estenda a sua mão contra o rapaz. [...] Não lhe faça nada. Agora sei que você teme a Deus, porque não negou dar a mim o seu filho, o seu único filho" (Gênesis 22.12). Abraão ergueu os olhos e viu um carneiro preso pelos chifres em um arbusto. Ele tomou o animal e o ofereceu no lugar do menino. Então, ouviu a voz do Senhor:

> [...] Juro por mim mesmo que, por ter feito o que fez, não me negando o seu filho, o seu único filho, esteja certo de que o abençoarei e farei a sua descendência tão numerosa como as estrelas do céu e como a areia à beira-mar. A sua descendência conquistará as cidades dos seus inimigos e, por meio dela, todas as nações da terra serão abençoadas, porque você me obedeceu (Gênesis 22.16-18).

Agora preste atenção ao que a obediência de um único homem gerou. Deus renovou Sua promessa de que a descendência de Abraão abençoaria as nações. Essa promessa se cumpriu em Jesus, que trouxe a salvação a toda a humanidade. Muito antes da vinda do Cristo, Isaque, com uma curiosidade inocente, perguntou a seu pai: "[...] A brasa e a lenha estão aqui, mas onde está o cordeiro para o holocausto?" (Gênesis 22.7). Sua pergunta é respondida séculos depois por João Batista, que ao avistar Jesus declarou: "[...] Vejam! É o Cordeiro de Deus, que tira o pecado do mundo!" (João 1.29).

Portanto, acredito que um legado deve ser levado a sério e construído com persistência e temor. Não se trata de uma tarefa fácil, é necessário haver clareza para não perder as forças nos momentos difíceis e manter o foco quando tudo estiver indo bem. Não podemos nos esquecer também de que muitas coisas começarão por nós, mas nem sempre veremos os frutos de nossos esforços. A verdade é que não sabemos como o futuro se desencadeará, apenas que temos de fazer o que precisa ser feito, segundo o Senhor nos ordena.

Tratando desse ponto, voltemos a João Batista. Conhecido por sua pregação fervorosa e por preparar o caminho para Jesus, ele não hesitou em cumprir o chamado de Deus para ele: denunciar o pecado, mesmo que isso colocasse sua vida em risco. Na época, muitos poderiam tê-lo aconselhado a ser mais moderado para evitar a morte, porém ele permaneceu fiel à Verdade. João Batista foi preso e executado por denunciar o casamento ilícito de Herodes, deixando um grande exemplo de valentia, que permanece até hoje como uma fonte de encorajamento para gerações.

Para além dos excelentes exemplos que se encontram na Palavra, notamos essa mesma dinâmica, por exemplo, no universo da música. Mesmo que cantores faleçam e bandas acabem, suas obras continuam a existir, pois o legado transcende uma vida. É impressionante observar como certas canções resistem ao teste do tempo. São reinterpretadas por novos artistas, adaptadas a diferentes estilos musicais e continuam a ressoar com o público. Você já deve ter ouvido a voz de Louis Armstrong[3] cantando a famosa estrofe: "*I see trees of green, red roses too, I see them bloom for me and you and I think to myself: what a wonderful world*". Se você acessar a plataforma em que o clipe foi postado, verá comentários publicados recentemente, sendo que a música foi lançada em 1967. Esta é uma pequena demonstração de como uma canção de dois minutos e 18 segundos tem o poder de superar barreiras temporais e proporcionar inspiração às pessoas, geração após geração.

Quem sabe Eva pensasse duas vezes antes de morder o fruto proibido e oferecê-lo a Adão se tivesse a noção do que seu pecado desencadearia no mundo. A desobediência de Adão e Eva serve como um arquétipo do fracasso humano. Há até uma analogia que nos ajuda a compreender a responsabilidade que temos hoje: é como se cada um de nós fosse um novo Adão ou Eva, e a partir de nós começasse uma nova humanidade. Cada decisão que tomamos molda o futuro daqueles que virão depois.

Quando refletimos sobre a existência de tanta desgraça e injustiça na Terra, percebemos que é o resultado de uma construção que levou séculos para culminar em tanta maldade. Estou falando de um processo histórico, em que a soma de pequenos atos de egoísmo, inveja e violência resultou em atitudes ainda piores. Gerações passadas deixaram legados de escolhas erradas que ainda afetam o presente.

Agora temos a opção de continuar esse ciclo vicioso ou quebrá-lo, em honra ao sacrifício do nosso Senhor e Salvador e contando com Sua graça. Jesus nos deixou um legado poderoso e incomparável de amor, perdão e restauração. Ele nos mostrou que é possível viver

[3] Louis Armstrong foi um trompetista, cantor e figura icônica do jazz americano, cujo trabalho inovador no início do século 20 ajudou a definir o gênero. Nascido em uma família pobre em Nova Orleans, ele começou sua carreira musical em bandas locais e rapidamente se destacou por seu virtuosismo e carisma. Armstrong é conhecido por suas habilidades de improvisação, sua técnica de trompete e sua contribuição para o canto "*scat*". Seu impacto transcendeu o jazz, influenciando a música popular e inspirando gerações de músicos.

de uma maneira que contraria a tendência humana ao pecado. Mesmo diante do sofrimento extremo, permaneceu fiel ao Seu propósito e estabeleceu uma Nova Aliança entre Deus e a humanidade. Enquanto o primeiro Adão nos deixou um legado terrível de pecado e morte, o Segundo Adão reverteu os efeitos do pecado original e nos redimiu (cf. 1Coríntios 15.22,45). Nenhum outro legado pode sequer ser comparado ao do Ungido de Deus.

Não consigo imaginar o que seria do ser humano sem Jesus, Sua vida estabeleceu um modelo que permanece irretocável até hoje – talvez mais do que nunca. Cristo compreendeu e aceitou Seu propósito, sem tentar ser outra pessoa ou assumir uma identidade além daquela que o Pai Lhe conferiu. Ele é a maior prova de como a presença de alguém no mundo pode ter efeitos que perduram além de sua existência. Um dia, eu e você seremos cobrados por todas as nossas ações e omissões, e creio que se temos uma responsabilidade é a de deixar o mundo ao menos um pouco melhor do que o encontramos.

Nikolas Ferreira

Possivelmente, nada apavore mais o ser humano do que sua impotência diante da brevidade da vida. No entanto, nossa efemeridade não representa uma adversária a ser vencida, apenas uma realidade com a qual precisamos aprender a conviver. É uma circunstância que nos ensina a pesar nossas prioridades e buscar sentido em nossa existência. Afinal, não fomos criados pelo Senhor para permanecer estáticos perante as incertezas do amanhã, mas sim para nos movermos no caminho que Ele traçou antes mesmo de nascermos.

Em nossa casa, tínhamos o costume de perguntar a Ellen, Nikolas e Lavigne como se viam em cinco anos e quais conquistas já gostariam de ter alcançado nesse período – aquela típica coisa de pai e mãe que tentam conscientizar os filhos de que o futuro está diretamente ligado às decisões que tomamos no presente. Nossa existência não se resume somente ao dia de hoje ou a nós mesmos. Não podemos ser egoístas a ponto de pensar que nossas ações não afetarão outras pessoas, tanto dentro quanto fora de casa.

De fato, nosso legado é resultado das escolhas que fazemos, e um exemplo bíblico que ilustra bem a questão é o da família de Jacó. Antes de sua morte, ele reuniu seus doze filhos para abençoá-los (cf. Gênesis 49). Judá, Issacar, Zebulom, Gade, Aser, José, Benjamim, Dã e Naftali receberam palavras a respeito de força, liberdade, realeza e a promessa de favor e prosperidade. No entanto, os três filhos mais velhos tiveram suas heranças comprometidas por ações passadas. Rúben perdeu seu direito de primogenitura devido a seu adultério com Bila (cf. Gênesis 35.22), concubina de seu pai. Ele e sua descendência deveriam ter sido os líderes naturais entre seus irmãos e suas respectivas tribos, mas seu pecado causou uma queda drástica na hierarquia familiar.

Simeão e Levi foram punidos por sua violência em Siquém (cf. Gênesis 34.25-30). A vingança brutal que executaram, em resposta à desonra cometida contra sua irmã Diná, foi um ato que Jacó não pôde ignorar. Por mais que fosse justo defender a honra da irmã, massacrar toda uma cidade, incluindo inúmeras pessoas inocentes, certamente foi uma péssima escolha que resultou em consequências severas. A tribo de Levi, embora mais tarde redimida pelo serviço sacerdotal, não recebeu uma porção de terra como as demais, e Simeão foi perdendo aos poucos sua identidade e autonomia até ser absorvida por Judá. Ou seja, a conduta pessoal de três homens afetou o destino de inúmeras pessoas que não tiveram qualquer envolvimento com seus erros.

Em contrapartida, quando chega a vez de Judá, deparamo-nos com uma circunstância diferente. Ele sofreu um fracasso moral ao envolver-se com uma prostituta, sem saber que era sua nora Tamar disfarçada; além disso, casou-se com uma mulher cananeia, fora de sua parentela, desonrando seu pai. No entanto, as primeiras falhas de Judá não definiram a herança que ele deixou. Ao longo de sua vida, ele demonstrou uma mudança de caráter. Quando José ordenou que

Benjamim fosse deixado para trás, ele intercedeu por seu irmão e se ofereceu como substituto para permanecer como escravo no Egito (cf. Gênesis 44.33-34).

Posteriormente, ele se tornou líder de uma das tribos mais importantes de Israel, da qual descenderam o rei Davi e, mais tarde, Jesus Cristo. Sua transformação nos traz alívio, pois todos nós podemos tomar decisões erradas e fracassar em algum momento, mas ainda assim há esperança de mudarmos a situação. Os inícios não determinam os fins. É a construção de toda a nossa existência que define a marca que deixaremos.

Do mesmo modo, não somos controlados por nenhum legado. Ao longo de gerações, muitas pessoas acreditaram estar predestinadas a repetir os equívocos de seus ancestrais. Havia até um ditado popular em Israel: "Os pais comem uvas verdes, e os dentes dos filhos se embotam". Embora não saibamos exatamente quando a frase surgiu, sua expressividade foi grande o suficiente para ser mencionada nas Escrituras, quando o Senhor a refuta:

> Esta palavra do SENHOR veio a mim: "O que vocês querem dizer quando citam este provérbio sobre Israel: Os pais comem uvas verdes, e os dentes dos filhos se embotam? Tão certo como eu vivo, declara o Soberano SENHOR, vocês não citarão mais esse provérbio em Israel" (Ezequiel 18.1-3).

O capítulo prossegue com a afirmação de que todos pertencem a Deus: tanto o pai quanto o filho. O Senhor deixa claro que "[...] aquele que pecar é que morrerá" (Ezequiel 18.4) e expõe o exemplo de um homem justo que segue os decretos divinos e age com justiça. Em seguida, somos apresentados ao filho dele, que, em contrapartida, escolhe viver de maneira ímpia e não será salvo pelos méritos do pai.

Contudo, se tiver um filho que optar por viver de forma justa e obediente, este será salvo por sua própria justiça (cf. Ezequiel 18.5-17).

No entanto, embora cada um seja responsável por seu próprio pecado em termos de salvação, as escolhas que fazemos influenciam nossa família. Por exemplo, filhos de pais alcoólatras têm uma probabilidade maior de sucumbir ao vício. Da mesma forma, aqueles que testemunham desvios de conduta em suas figuras paternas e maternas têm maior probabilidade de seguir esses exemplos. A Bíblia confirma tal ideia e mostra-nos que é possível herdar as consequências de um passado do qual não participamos – como no caso dos filhos de Acabe e Jezabel (cf. 1Reis 22.52-53), dos descendentes de Manassés (cf. 2Reis 21.11-15) e dos sucessores de Jeroboão (cf. 1Reis 14.16), entre outros.

Não acreditamos em maldição hereditária, pois não encontramos respaldo bíblico para tal coisa. Contudo, como nos três exemplos que acabamos de mencionar, existem maldições que podem ser herdadas. Do ponto de vista biológico, hereditariedade refere-se ao processo pelo qual organismos transmitem suas características genéticas para a próxima geração. Essas informações são codificadas no DNA, que contém os genes responsáveis pelos traços físicos, comportamentais e outros. São características que não escolhemos, como a cor dos olhos, cabelos ou pele. No entanto, quando falamos em uma herança deixada por um pai, o filho tem a escolha de aceitá-la ou não.

Em meio a tantos versículos sobre família e descendência, a Palavra nos surpreende com a seguinte afirmação: "[...] sou Deus zeloso, que castigo os filhos pelo pecado dos pais até a terceira e a quarta geração daqueles que me odeiam, mas trato com amor leal até mil gerações os que me amam e obedecem aos meus mandamentos" (Deuteronômio 5.9-10). Veja como nosso Pai Celestial potencializa nossa capacidade de deixar uma herança abençoada. Ele pune até a terceira e quarta geração, mas libera bondade até mil gerações. Isto é, as ações que realizamos hoje acarretam consequências muito além do nosso alcance. Embora geralmente não tenhamos contato com a quarta geração, Deus promete abençoar até mil gerações daqueles que O amam e guardam Seus mandamentos.

Compreendemos, portanto, que o maior legado que podemos deixar para nossos filhos não se resume a uma conta bancária recheada ou bens materiais, por mais que essas coisas também tenham seu valor. Os verdadeiros tesouros são os princípios e ensinamentos que transmitimos, pois são eles que realmente têm o poder de transformar a vida de nossos descendentes. Por alguma razão, acostumamo-nos a associar a palavra "legado" apenas à herança física, mas o que deixamos para nossa família após nossa partida pode ser imaterial.

Temos o famoso exemplo de Jonathan Edwards[4]. Ele foi o único filho homem entre dez irmãs. Seu pai era pastor e sua mãe uma cristã devota, filha de um reverendo bastante respeitado na época. Edwards aprendeu muito com seus pais e avô; desde novo, demonstrou grande fervor espiritual e dedicação a Deus. Começou a estudar latim aos 6 anos e, na adolescência, já tinha se tornado fluente no idioma, além do grego e hebraico. Aos 10 anos, escreveu um ensaio sobre a imortalidade da alma e ingressou na universidade aos 13. Atuando como pastor e professor de teologia, Jonathan foi também um dos grandes pregadores dos Estados Unidos e desempenhou um papel fundamental no reavivamento do país. Serviu como reitor da Universidade de Nova Jersey e foi um pai muito dedicado. Ele e sua esposa, Sarah, tiveram 11 filhos.

Apesar de um horário de trabalho rigoroso que o levava a acordar às quatro e meia da manhã para ler, escrever e orar em sua biblioteca, uma agenda repleta de viagens e reuniões, Edwards sempre encontrava

[4] Jonathan Edwards foi um teólogo e pastor que teve um impacto significativo no Primeiro Grande Despertamento. Ele é conhecido por seus sermões e sua teologia calvinista, que enfatizava a soberania de Deus, a depravação humana e a necessidade de redenção pela fé em Cristo. Seu sermão mais famoso, "Pecadores nas mãos de um Deus irado", proferido em 1741, é frequentemente citado como um exemplo clássico da retórica do despertar religioso. O legado de Edwards é notável por sua influência duradoura no protestantismo e na teologia americana.

tempo para sua família. Ele se comprometeu a passar pelo menos uma hora com cada um de seus filhos todos os dias, e se não conseguisse fazer isso por algum motivo, ao retornar para casa, dedicava uma hora extra a cada um para compensar os 60 minutos perdidos.

Por volta de 1910, o erudito presbiteriano Benjamin B. Warfield, de Princeton, pesquisou acerca da descendência de Edwards e documentou 1.394 pessoas – mais ou menos seis a oito gerações. Suas descobertas são impressionantes: mais de 100 advogados, 100 missionários e pregadores, 80 funcionários públicos, 75 oficiais do exército e da marinha americana, 65 professores de nível superior, 60 médicos, 30 juízes, 30 homens eleitos para cargos públicos (alguns ministros, outros membros do Congresso, três prefeitos, três governadores, três senadores, um controlador do tesouro dos Estados Unidos e um vice-presidente) e 12 diretores de faculdades. Sem contar os 60 escritores com 135 obras de mérito.

Em contraste, havia um ateu contemporâneo de Edwards, que costumava confrontar suas ideias, chamado Max Jukes[5]. Um sujeito vulgar, avesso ao trabalho, que farreava até o dinheiro acabar. Era um homem descompromissado, defensor do sexo livre e da ausência de leis. O mesmo pesquisador que rastreou a família de Edwards fez um levantamento dos 540 descendentes de Jukes. Ele revelou o legado sombrio deixado por Max: de seus filhos, netos, bisnetos, trinetos e tetranetos, 310 morreram na miséria, 200 terminaram a vida em asilos de caridade, 150 foram criminosos, 76 foram condenados à prisão por uma média de 13 anos, sete foram assassinos, 60 eram ladrões e assaltantes, 18 viveram às custas de mulheres em bordéis, 100 foram

[5] Max Jukes foi o nome fictício criado por Richard L. Dugdale em seu estudo de 1877 intitulado "The Jukes: A Study in Crime, Pauperism, Disease and Heredity" (Os Jukes: Um estudo sobre crime, miséria, doença e hereditariedade). Dugdale pesquisou a genealogia de uma família, encontrando muitos descendentes que viviam em condições de pobreza extrema e envolvidos em atividades criminosas. Ele concluiu que as circunstâncias sociais e ambientais tinham um papel crucial na formação do comportamento, desafiando a noção de que a criminalidade era puramente herdada geneticamente.

beberrões, dois ficaram loucos, apenas 20 aprenderam uma profissão. Mais da metade das mulheres foram prostitutas, das quais 67 morreram infectadas por sífilis e outras doenças venéreas.

Todas essas pessoas geraram um gasto de mais de U$ 1.250.000 para o estado na época, o equivalente a R$ 6.558.000,00 hoje. Já a família Edwards não trouxe nenhum custo ao país em termos de pobreza, criminalidade ou serviços hospitalares. Pelo contrário, ela exemplificou a mais alta utilidade em invenção, manufatura, comércio, fundação de asilos e hospitais, além de impulsionar importantes iniciativas altruístas[6].

O que Max representava, Jonathan simbolizava o oposto. Qualquer fraqueza associada à família do fanfarrão de Nova York encontrava seu antídoto na conduta dos Edwards, que certamente preocupava-se muito mais com a Eternidade do que com coisas efêmeras. Isso nos leva ao questionamento levantado por Cristo: "Pois que aproveitaria ao homem ganhar todo o mundo e perder a sua alma?" (Marcos 8.36 – ARC). Estamos falando de dois homens cujas histórias pessoais e geracionais respondem à pergunta de Jesus. Um escolheu ganhar o mundo, isto é, aproveitá-lo como bem entendia, enquanto o outro optou por zelar por sua alma e a de sua família.

Infelizmente, hoje é comum casais se preocuparem tanto em conquistar bens materiais – como casas luxuosas, carros caros e roupas de grife, a fim de obter status social – que acabam negligenciando o cuidado e a atenção que seu lar necessita. Esse cenário contribui para o aumento do número de divórcios e de crianças que crescem sem a presença de um ou ambos os pais. Tudo isso está diretamente relacionado à questão do legado, pois os valores transmitidos – como integridade, resiliência e amor – são muito mais significativos do que qualquer quantia poderia representar.

6 WINSHIP, A. E. **Jukes-Edwards**: a study in education and heredity. Harrisburg, PA: R.L. Myers & Co., 1900. Disponível em: <https://archive.org/stream/jukesedwards-15623gut/15623.txt>. Acesso em: 31 maio 2024.

Não queremos deixar aos nossos filhos apenas uma herança de bens materiais, desejamos passar adiante valores eternos. Esse legado é como um fio invisível que une nossa descendência, uma construção que atravessa gerações, algo que edificamos e transmitimos não só para nossos filhos, mas também netos, bisnetos e além. Trata-se de uma marca, cuja criação depende da coerência entre o que pai e mãe falam e vivem.

Em meio a tanta responsabilidade, nosso dever primordial resume-se em preparar os nossos filhos para recomeçarem o ciclo da vida: homem e mulher deixam pai e mãe para tornar-se uma só carne (cf. Gênesis 2.24) e multiplicarem-se. Somos gratos a Deus pelas Suas bênçãos na vida de nossa primogênita; Ele concedeu a Ellen um marido extraordinário, com uma ética e sensatez admiráveis. Da mesma forma, presenteou Nikolas com uma esposa deslumbrante, cujos valores são excepcionais. Os dois já deram um grande passo no cumprimento do propósito no qual foram instruídos, e futuramente será a vez da Lavigne. Por fim, a verdade é simples: quando o legado familiar tem como primazia o Senhor, Ele é generoso e libera Sua bondade até mil gerações.

Pastor Edésio e Pastora Ruth

Conclusão

Lembre-se da última vez que alguém lhe presenteou. Pense na emoção ao receber o pacote embrulhado e na curiosidade enquanto tentava adivinhar o que poderia ser. Antes mesmo de abrir o presente, você pode ter se perguntado se realmente o merecia. Talvez tenha sido algo simples, como um livro que você mencionou, uma peça de roupa ou até um doce. O valor não estava no preço, mas sim na intenção por trás da ação.

Filhos são presentes do Senhor, não podemos nos esquecer disso. Somos de fato abençoados por tê-los em nossa vida. A correria do cotidiano e as noites sem dormir muitas vezes nos levam a perder de vista a beleza e a alegria que eles trazem para os nossos dias. O tempo parece escapar por entre os nossos dedos e momentos preciosos passam despercebidos. Por isso é importante nos lembrarmos de que um filho é dom de Deus, que traz a cada pai e mãe a responsabilidade de lhes dar o suporte necessário para crescer e se desenvolver.

Para todos que, assim como Lívia e eu, se tornaram pais, acredito que nenhum conselho seria mais pertinente do que recordar que nossa responsabilidade vai além da esfera material. É desafiador caminhar em concordância com o que é invisível e eterno enquanto existimos em um mundo visível e efêmero. No entanto, não se trata somente de assegurar que nossos filhos estejam bem alimentados, vestidos e saudáveis. Somos chamados a ser guardiões, acima de tudo, de almas eternas e preciosas para o nosso Pai Celestial.

Aos que desejam constituir família, acredito que um dos maiores atos de amor é orar por aquilo que ainda não se vê. Homens, orem por uma esposa que ainda não conhecem; mulheres, pelo marido que ainda não sabem quem é. Apresentem ao Senhor o sonho da família que ainda não foi formada e intercedam pelas crianças que estão por vir. Quando fazem isso, estão em comunhão com Aquele que conhece todas as coisas e sabe o tempo certo para cada propósito. Graças à Sua misericórdia, é possível sonhar e ter fé de que construiremos um bom amanhã. Afinal, está escrito:

> Ora, a fé é a confiança daquilo que esperamos e a certeza das coisas que não vemos. [...] Pela fé, a própria Sara também pôde ter um filho, apesar de ser estéril e avançada em idade, porque considerou fiel aquele que lhe havia feito a promessa. Assim, daquele homem já sem vitalidade originaram-se descendentes numerosos como as estrelas do céu e incontáveis como a areia da praia do mar (Hebreus 11.1,11-12).

Muitas vezes, a preparação com a vida familiar é adiada para um futuro distante, como se fosse algo que só deve ser considerado quando o casamento for consolidado ou o primeiro filho estiver a caminho. No entanto, esse preparo deve começar desde cedo. As pessoas precisam entender que já estão sendo moldadas a cada dia, em todas as interações e experiências. Seja aquela vez em que cuidou de um irmão mais novo, seja quando ouviu um amigo desabafar sobre um problema.

Tudo o que se faz hoje é, na verdade, um investimento no futuro, quer você já seja um pai ou uma mãe de longa data, quer seja apenas alguém que sonha em ter uma família um dia. Suponho que diversas preocupações passem pela sua mente: as influências da sociedade atual, o peso da responsabilidade moral, financeira e espiritual. Tudo isso soa desafiador e amedrontador a ponto de fazer muitos pensarem em desistir, mas não há motivo para ter medo. Nosso Pai Celestial está conosco, e Ele cuidará da nossa casa.

> Já fui jovem e agora sou velho, mas nunca vi o justo desamparado nem seus filhos mendigando o pão. Ele é sempre generoso e empresta com boa vontade; seus filhos serão abençoados (Salmos 37.25-26).

Nikolas Ferreira

Sobre os autores

Nikolas Ferreira de Oliveira nasceu em Belo Horizonte, Minas Gerais. Tem 28 anos, é cristão, casado com Lívia e pai da Aurora. Formou-se em Direito pela Pontifícia Universidade Católica de Minas Gerais (PUC) e atualmente é presidente da Comissão de Educação da Câmara dos Deputados. Foi o segundo parlamentar mais votado da história de Belo Horizonte, eleito vereador em 2018. Posteriormente, em 2022, elegeu-se para a Câmara Federal como o deputado mais votado do país e da história de Minas Gerais.

Maria Ruth Ferreira de Oliveira nasceu em Belo Horizonte, Minas Gerais. É casada há 34 anos, mãe de três filhos e avó de dois netos. Formou-se em Psicologia pelo Centro Universitário Newton Paiva e possui pós-graduação em Saúde Mental: política, clínica e práxis pela PUC Minas, além de Psicologia Médica pela UFMG. Atuou por doze anos na Rede de Saúde Mental em Nova Lima e hoje exerce a função de pastora e coordenadora do Ministério Infantil na Comunidade Evangélica Graça & Paz.

Edésio de Oliveira nasceu em Belo Horizonte, Minas Gerais. É casado há 34 anos, pai de três filhos e avô de dois netos. Graduou-se em Psicologia pelo Centro Universitário Newton Paiva e atuou como psicólogo por sete anos. Atualmente, pastoreia a Comunidade Evangélica Graça & Paz, da qual é fundador e pastor sênior.

Referências bibliográficas
das frases de abertura dos capítulos e da contracapa

Capítulo 1

"O futuro da humanidade passa pela família."

JOÃO PAULO II. **Familiaris consortio**: sobre a função da família cristã no mundo de hoje. São Paulo: Virgo Fidelis, 2022.

Capítulo 2

"A coisa mais extraordinária do mundo é um homem comum, uma mulher comum e seus filhos comuns."

CHESTERTON, G. K. **Omnibus**. London: Stratford Lewes, 1966, p. 142-143.

Capítulo 3

"É justo que muito custe o que muito vale."

Frase atribuída a Santa Teresa D'Ávila.

Capítulo 4

"Filhos não são uma distração que nos impedem de fazer um trabalho importante. Eles são o trabalho importante."

Frase atribuída ao Dr. John Trainer.

Capítulo 5

"Os que nunca castigam os filhos não podem se admirar se seus filhos se transformarem em um castigo para eles."

SPURGEON, Charles H. **Sabedoria bíblica:** conselhos simples para pessoas simples. São Paulo: Shedd Publicações, 2006, p 40.

Capítulo 6

"Se o barro não se entregar totalmente, o oleiro nada pode fazer."

Frase atribuída a A. W. Tozer.

Capítulo 7

"Quanto mais recolhido for cada um e mais simples de coração, tanto mais sublimes coisas entenderá sem esforço, porque do alto recebe a luz da inteligência."

KEMPIS, Tomás. **Imitação de Cristo**. Petrópolis, RJ: Vozes, 2015, p. 26.

Capítulo 8

"O que você deixa para trás não é o que está gravado em monumentos de pedra, mas o que está tecido na vida dos outros."

Frase atribuída a Péricles, político grego, séc. 5 a.C.

Contracapa

"Deus nos deu nossos filhos para que possamos prepará-los para o Céu; que tarefa sublime!"

SPURGEON, Charles H. Sermons of Charles Spurgeon: **Volume 21**: Sermons 1211-1260.

Anotações

Anotações

Anotações

Esta obra foi composta em *Minion Pro*
e impressa por Gráfica Eskenazi sobre papel
Offset 90 g/m² para Editora Vida.